AF613802

# RECUEIL
## DES ÉDITS,
## DÉCLARATIONS,
### ARRETS ET LETTRES PATENTES,

*Concernant les Compagnies de Guinée & du Sénégal.*

A PARIS,
DE L'IMPRIMERIE D'ANTOINE BOUDET,
IMPRIMEUR DU ROI.

MDCCLIV.

# AVERTISSEMENT.

LES raiſons qui ont donné lieu à former ce Recueil ſont 1° l'incendie arrivée à la Chambre des Comptes au mois d'Octobre 1737, dans lequel furent conſumés, entre autres choſes, les Regiſtres qui contenoient l'enregiſtrement des Déclarations, portant établiſſement des Compagnies de Guinée & du Sénégal, dont la Chambre a demandé à voir les originaux; 2° les difficultés qu'a faites cette Chambre aux Gardes du Tréſor Royal d'arrêter leurs comptes, parce que dans quelques-uns il y étoit fait mention de la gratification de 13 liv. que le Roi avoit accordée à ces deux Compagnies par Lettres Patentes des mois de Janvier 1685, & Mars 1696, pour chaque tête de Noir qu'elles introduiroient aux Iſles Françoiſes de l'Amérique; 3° le défaut d'enregiſtrement à la Chambre, de la Déclaration du mois de Mars 1696, de l'Arrêt du Conſeil du 10 Janvier 1719, qui confirme la ceſſion faite à la Compagnie d'Occident par la Compagnie du Sénégal de ſon Privilége; de l'Arrêt du Conſeil du 27 Septembre 1720, portant réunion à perpétuité à la Compagnie des Indes du Commerce de Guinée; des Arrêts des 1 Janvier 1743, 31 Juillet 1744, & 27 Mars 1746, concernant le payement de la même gratification de 13 liv. pour chaque tête de Noir, ſur leſquels Arrêts la Compagnie des Indes a été obligée d'obtenir des

Lettres de surannation sur Lettres Patentes, qui ont été enregistrées à ladite Chambre, au mois d'Avril 1754.

On n'a pas crû nécessaire de comprendre dans ce Recueil le détail de tout ce qui s'est passé avant les deux Lettres Patentes en forme de Déclaration, portant établissement des Compagnies de Guinée & du Sénégal, quoique le Commerce de la traite de Noirs soit de beaucoup antérieur à ces époques; on a cru, au contraire, qu'un simple récit suffiroit pour faire voir d'où procédent ces deux Compagnies, & leur filiation jusqu'à présent.

Par la Déclaration du mois de Mai 1664, le Roi avoit compris dans les Concessions accordées pour 40 années à la Compagnie des Indes Occidentales, la Côte d'Afrique, depuis le Cap-Verd jusqu'au Cap de Bonne-Esperance, tant & si avant qu'elle pourroit s'étendre dans les terres, ensorte que la Côte de Guinée & du Sénégal faisoit partie des Concessions accordées par Sa Majesté à cette Compagnie.

Le 8 Novembre 1673 elle vendit aux sieurs Egrot François & Raguenet, pour le tems qui restoit à expirer des 40 années, l'habitation du Sénégal, Cap-Verd, &c. Mais par un Edit du mois de Décembre 1674, le Roi supprima ladite Compagnie, permit à tous ses sujets de trafiquer dans les pays qui lui avoient été concédés, & réunit & incorpora à son Domaine toutes les terres & pays qui appartenoient à ladite Compagnie.

Par un Traité fait le 16 Octobre 1675 pour la Guinée entre les Directeurs du Domaine d'Occident, & le sieur Oudiette, Fermier Général dudit Domaine, ledit sieur Oudiette s'obligea de faire porter tous les ans aux Isles Françoises de l'Amérique 800 Negres au moins, à condition qu'il lui seroit payé comptant 13 liv. par chaque tête de Noirs.

Ce Traité n'eut pas lieu : il fut annullé par Arrêt du 25 Mars 1679 ; & par Déclaration du mois de Juin suivant le Roi ordonna que le Traité, ou la Vente faite en 1673 à la Compagnie du Sénégal, seroit exécuté.

Le 2 Juillet 1681 il fut fait encore une Vente par la Compagnie du Sénégal, à de nouveaux intéressés, du Privilége, habitations & effets de la Compagnie du Sénégal & de Guinée. Mais cette nouvelle Compagnie ayant une trop grande étendue de pays, & n'ayant pas assez de fonds pour y faire le Commerce, ne subsista dans son entier que jusqu'en 1684, le Roi par son Arrêt du 6 Janvier de la même année, ayant réduit tout le commerce de cette Compagnie au seul pays du Sénégal, & détaché le Commerce de Guinée pour le donner à une nouvelle Compagnie, comme on le verra par les Lettres Patentes du mois de Janvier 1685, rapportées ci-après en entier.

A l'égard de la Compagnie du Sénégal elle subsista telle qu'elle étoit jusqu'en 1694. Il fut passé par ses Directeurs les 18 Septembre & 13 Novembre de la même année, deux Contrats de Vente & de cession en faveur d'une nouvelle Compagnie, sur lesquels Contrats furent rendues les Lettres Patentes du mois de Mars 1696, portant établissement de la Compagnie du Sénégal qui confirmerent lesdits Contrat & Cession, ainsi qu'on le verra à la page 11. de ce Recueil.

# TABLE

## Des Lettres Patentes, Déclarations & Arrêts contenus dans ce Recueil.

Fin de la Table.

LETTRES

# LETTRES PATENTES

## PORTANT ÉTABLISSEMENT

## *DE LA COMPAGNIE DE GUINÉE.*

De Janvier 1685.

*EXTRAIT DES REGISTRES DES ORDONNANCES Royales, regiſtrées en Parlement.*

LOUIS, PAR LA GRACE DE DIEU, ROI DE FRANCE ET DE NAVARRE, à tous préſens & à venir : Salut. Après avoir heureuſement fini tant de longues & différentes guerres, pendant le cours deſquelles Dieu a béni viſiblement & fait proſpérer nos armes, nous nous ſommes appliqués à procurer le repos à nos Peuples par les Traités de paix & de treves que nous avons faits avec les Princes & Etats nos voiſins; & comme dans la tranquillité dont joüit à préſent notre Royaume, rien n'y peut ſi naturellement introduire l'abondance que le Commerce, nous avons réſolu d'en procurer par toutes ſortes de voyes l'augmentation, notamment de celui qui ſe fait dans les Pays éloignés; & ayant été informés que la Compagnie de Sénégal joüit d'une trop grande étendue de pays, & qu'elle prétend étendre ſa conceſſion depuis le Cap Blanc juſqu'au Cap de Bonne-Eſpérance, ce qui comprend plus de quinze cens lieues de côtes, dans leſquelles cette Compagnie, en conſéquence de ſes priviléges, exclut nos Sujets de faire non-ſeulement le commerce de la traite des cuirs, de la gomme, du morfil, de la cire & autres marchandiſes dans les lieux & pays de Sénégal, riviere de Gambye & Gorrée, mais même celle des Négres & de la poudre d'or dans la côte de Guinée, quoiqu'elle ne ſoit point en état d'y aller, ni par conſéquent de porter aux Iſles Françoiſes de l'Amérique le nombre de Négres néceſſaire pour les plantations & les cultures qui ſont ſubſiſter nos Sujets deſdites Iſles, ni de traiter la quantité de poudre d'or qu'on peut aiſément tirer de cette côte pour la faire entrer dans notre Royaume, nous aurions, par l'Arrêt rendu en notre Conſeil, nous y étant, le 12 Septembre dernier, révoqué les priviléges accordés aux Intéreſſés en la Compagnie du Sénégal, en exécution du Contrat du 21 Mars 1679, de faire ſeule le commerce des côtes de Guinée, depuis la riviere de Gambye juſqu'au Cap de Bonne-Eſpérance; & enſuite par autre Arrêt auſſi rendu en notre Conſeil le 6 Janvier 1685, après avoir entendu leſdits Intéreſſés, nous les aurions maintenus en la faculté de faire le commerce, à l'excluſion de tous autres, ès côtes d'Affrique, depuis le Cap Blanc juſqu'à la riviere de Serrelionne excluſivement, au lieu de celle de Gambye portée par le précédent Arrêt: en conſéquence deſquels Arrêts ayant invité ceux de nos Sujets que nous avons crus les plus capables & les plus intelligens à ces ſortes de choſes, d'entreprendre le commerce deſdites côtes de Guinée, voyant les diſpoſitions des particuliers qui pourroient faire une Compagnie ſelon notre intention, nous avons réſolu de faire pour ce expédier nos Lettres Patentespour l'établiſſement & les conditions ſous leſquelles nous voulons former ladite Compagnie. A CES CAUSES, & pour autres conſidérations à ce nous mouvans, après avoir fait mettre cette affaire en délibération en notre Conſeil, & en conſéquence de la révocation faite par ledit Arrêt de notre Conſeil du 12 Septembre 1684, ci-attaché sous ledit contre-scel de notre Chancellerie, lequel nous voulons d'abondant être exécuté, sous la modification toutefois portée par ledit Arrêt du 6 Janvier 1685, pareillement aussi attaché sous ledit contre-scel, nous avons de notre certaine science, pleine puissance & autorité Royale, établi & établissons par ces Présentes une Compagnie sous le titre de Compagnie de Guinée, qui sera composée de ceux de nos Sujets que nous choisirons à cet effet, pour par les Intéressés en icelle faire seuls, & à l'exclusion de tous autres nos Sujets, le commerce des Négres, de la poudre d'or & de toutes autres marchandises qu'ils pourront traiter ès côtes d'Affrique, depuis la riviere de Serrelionne inclusivement, jusqu'au Cap de Bonne-Espérance, soit que lesdites côtes ayent été ci-devant occupées par nos Sujets, ou que ladite Compagnie s'y établisse en quelque maniére que ce soit, sans préjudice néanmoins des Traités d'alliance & de Commerce que nous avons faits avec les Princes & Etats de l'Europe, qui demeureront en leur force & vertu.

## ARTICLE PREMIER.

La Compagnie peut seule envoyer des Noirs aux Isles, & celle de Sénégal ceux qu'elle tirera des lieux de sa concession.

POURRA ladite Compagnie transporter seule, à l'exclusion de tous autres, des Négres aux Isles Françoises de l'Amérique, à la réserve toutefois de la Compagnie du Sénégal, à laquelle nous permettons d'y faire transporter ceux qu'elle traitera dans l'étendue du Sénégal, Cap Verd & lieux circonvoisins jusqu'à la riviere de Serrelionne exclusivement.

## II.

Le Privilége de la Compagnie durera vingt ans

Défenses à tous autres de négocier dans l'étendue de la concession, & de transporter des Noirs

JOUIRA ladite Compagnie de l'effet du privilége à elle ci-dessus accordé pendant le tems & espace de vingt années consécutives, à commencer du jour & date des Congés qui seront expédiés pour le départ des premiers Vaisseaux qu'elle envera faire ledit commerce, sans que, sous quelque prétexte que ce soit, ladite Compagnie de Guinée soit tenue d'aucuns dédommagemens & indemnités envers ceux auxquels nous aux Isles, à peine de confiscation & de 3000 livres d'amende.

avons ci-devant accordé des priviléges pour traiter ès lieux de la présente concession, dont en tant que de besoin nous avons dès-à-présent comme dès-lors déchargé ladite Compagnie de Guinée; faisant défense à tous autres nos Sujets d'y négocier ni de transporter aucuns Négres desdits pays aux Isles, à peine de tous dépens, dommages & intérêts, confiscation de Vaisseaux, Négres & Marchandises au profit de ladite Compagnie, & de trois mille livres d'amende, applicables moitié aux Hôpitaux des Isles & l'autre moitié à la Compagnie.

## III.

La Compagnie peut faire les délibérations & les résultats qu'elle jugera convenables à son commerce.

POURRONT les Intéressés en la Compagnie prendre entr'eux en leurs Assemblées telles délibérations, & faire tels résultats qu'ils aviseront pour le fait de leur commerce, & direction d'icelui, en général & en particulier, suivant le Contrat de société qu'ils feront entr'eux.

## IV.

Les fonds de la Compagnie ni ceux des Intéressés ne peuvent être saisis pour les affaires du Roi, ni sous aucun autre prétexte. S'il se fait des saisies à la requête des créanciers des Intéressés, elles tiendront entre les mains du Caissier, sans être tenu de faire déclaration; mais il payera à qui il sera dû, jusqu' concurrence & suivant les répartitions & les comptes qui seront arrêtés.

NE pourront les effets de ladite Compagnie ni le fonds des Intéressés en icelle, tant en principal que profit, être saisis pour nos deniers & affaires, ni sous quelqu'autre prétexte que ce soit; & en cas de saisies & arrêts qui pourroient être faits à la requête des créanciers particuliers d'aucuns des Intéressés, elles tiendroient entre les mains du Caissier général de ladite Compagnie, qui fera la délivrance jusqu'à concurrence des causes de la saisie, & à proportion des répartitions qui devront être faites entre les Associés, suivant les résultats de l'Assemblée & les comptes qui y seront arrêtés, auxquels les saisissans seront tenus de se rapporter, sans que, sous quelque prétexte que ce soit le Caissier général ou particulier, & les Commis préposés & Directeurs de la Compagnie soient tenus d'en rendre compte ni faire déclaration en conséquence desdites saisies, desquelles ils seront déchargés en représentant les comptes arrêtés par la Compagnie, qui leur serviront de décharge, en payant néanmoins le reliquat à qui il sera dû, si aucun y a.

V.

APPARTIENDRONT à ladite Compagnie en pleine propriété, les terres qu'elle pourra occuper ès lieux & pendant le temps de sa concession, esquelles nous lui permettons de faire tels établissemens que bon lui semblera, y construire des forts pour sa sûreté, y faire transporter des armes & canons, & y établir des Commandans & nombre d'Officiers & soldats nécessaire pour assurer son commerce, tant contre les Etrangers que les Naturels, auquel effet nous permettons à ladite Compagnie de faire avec les Rois Négres tels traités de commerce qu'elle avisera.

Les terres qui seront occupées par la Compagnie lui appartiendront ; elle pourra y faire des établissemens & y construire des forts, les munir, y établir des Commandans & des garnisons, & traiter avec les Rois Négres.

VI.

ET après l'expiration du privilége par nous présentement accordé, voulons que ladite Compagnie puisse disposer de ses habitations, armes, munitions, ainsi que de ses autres effets, meubles, ustensiles, marchandises & Vaisseaux, comme de choses à elle appartenantes en toute propriété.

Après l'expiration du privilége, la Compagnie pourra disposer de ses habitations & autres effets.

VII.

NE pourra ladite Compagnie employer ni donner aucunes Commissions qu'à des gens de la Religion Catholique, Apostolique & Romaine ; & en cas que ladite Compagnie fasse quelques établissemens dans les pays de la présente concession, elle sera obligée de faire passer le nombre de Prêtres Missionnaires nécessaires pour l'instruction & exercice de ladite Religion, & donner les secours spirituels à ceux qui y auront été envoyés.

La Compagnie n'employera que des Catholiques Romains, & entretiendra des Prêtres dans ses habitations.

VIII.

NE pourra ladite Compagnie se servir pour son commerce d'autres Vaisseaux que de ceux à elle appartenans ou à nos Sujets, armés & équipés dans nos Ports, à peine de déchéance

La Compagnie ne se servira que de Vaisseaux François, équipés dans les Ports du Royaume.

de la présente concession, & de confiscation des Navires & des marchandises dont ils se trouveront chargés.

## IX.

Les prises des Navires qui traiteront dans les pays occupés par la Compagnie, ou qui transporteront des Négres aux Isles, seront jugées par l'Intendant & six Conseillers des Conseils Souverains, si ces prises sont faites au dessus ou à la hauteur des Canaries. Les prises faites en deça des Canaries seront jugées par les Officiers des Amirautés des Ports.

Les prises, si aucunes sont faites par la Compagnie, des Navires qui viendront traiter ès pays qu'elle aura occupés, ou qui, contre la prohibition portée par ces Présentes, transporteront aux Isles & Colonies Françoises de l'Amérique, des Négres de Guinée, seront jugées, savoir; celles qui seront faites au-dessus ou à la hauteur des Canaries allant en Guinée, ou venant de Guinée aux Isles, par les Intendans des Isles Françoises de l'Amérique, avec eux appellé le nombre de six Conseillers des Conseils Souverains desdites Isles; & pour toutes les autres, par les Officiers de nos Amirautés des Havres & Ports de France où les Vaisseaux qui auront fait lesdites prises feront leur retour, le tout en la forme & ainsi qu'il est porté par notre Ordonnance du mois d'Août 1681; & à l'égard des contestations qui pourroient naître entre ladite Compagnie de Guinée & autres Compagnies, elles ne pourront être jugées qu'en notre Conseil.

## X.

Les Marchandises venant des habitations de la Compagnie ou des Isles de l'Amérique, sont exemptes de la moitié de tous les droits mis & à mettre aux Entrées.

Défenses d'exiger aucuns droits d'Octroys sur les marchandises qui seront transportées pour charger

Les marchandises de toutes sortes que la Compagnie fera apporter pour son compte des pays de sa concession ou des Isles de l'Amérique, seront exemptes, conformément à l'Arrêt de notre Conseil du 30 Mai 1664, de la moitié des droits à nous ou à nos Fermiers appartenans, mis ou à mettre aux entrées, Ports & Havres de notre Royaume; faisant défenses à nosdits Fermiers, leurs Commis & tous autres, d'en exiger au-delà du contenu aux Présentes, à peine de concussion & de restitution du quadruple. Faisons défenses, conformément à l'Arrêt de notre Conseil du 12 Février 1665, aux Maires, Echevins, Consuls, Jurats, Syndics & Habitans des Villes, d'exiger de ladite Compagnie aucuns droits d'octroys de quelque nature qu'ils soient, sur les denrées & marchandises qu'elle fera transporter dans ses Magasins & Ports de mer pour les charger dans ses Vaisseaux, desquels droits nous avons déchargé ladite Compagnie & sesdites denrées & marchandises, nonobstant toutes Lettres, Arrêts & clauses contraires.

dans les Vaisseaux de la Compagnie.

## XI.

DECLARONS pareillement, conformément à l'Arrêt de notre Conseil du 10 Mars 1665, ladite Compagnie exempte de tous les droits de Péage, Travers, Passages & autres impositions qui se perçoivent ès rivieres de Loire, de Seine & autres, sur les futailles vuides, bois mairain & bois à bâtir Vaisseaux appartenans à ladite Compagnie.

Exemption de tous Péages, Travers, Passages, &c. établis sur les rivieres de la Loire & de la Seine, sur les futailles vuides.

## XII.

COMME aussi jouira, suivant les Arrêts de notre Conseil des 24 Avril & 26 Août 1665, de l'exemption & immunité de tous les droits d'entrée & de sortie, & du bénéfice de l'entrepôt des munitions de guerre & de bouche, bois, chanvre, toille à faire voiles, cordages, goudron, canons de fer & de fonte, poudre, boulets, armes & autres choses généralement quelconques de cette qualité que ladite Compagnie fera venir pour son compte, tant des Pays étrangers que de ceux de notre obéissance, soit que lesdites choses soient destinées pour l'avitaillement, armement, radoub, équipement ou construction des Vaisseaux qu'elle équipera ou fera construire dans nos Ports, soit qu'elles doivent être transportées ès lieux de sa concession.

Exemption de tous droits d'entrées & de sorties, avec faculté de l'entrepôt pour toutes munitions de guerre & de bouche, bois, chanvre, toille à voiles, cordages, goudron, canons de fer & de fonte, poudre, boulets & armes, &c.

## XIII.

ET quant aux marchandises de ladite Compagnie destinées pour lesdits lieux & pour les Isles & Colonies Françoises de l'Amérique, elles jouiront de l'exemption des droits de sortie, conformément aux Arrêts de notre Conseil des 18 Septembre 1671 & 25 Novembre audit an, même en cas qu'elles

Exemption des droits de sortie pour les marchandises destinées au commerce de la Compagnie.

ſortent par le Bureau d'Ingrande, encore qu'il ne ſoit exprimé dans leſdits Arrêts.

## XIV.

La Compagnie jouira des exemptions, franchiſes, décharges & immunités accordées aux Compagnies des Indes Occidentales & du Sénégal.

JOUIRA en outre ladite Compagnie de toutes autres exemptions, franchiſes, décharges & immunités que nous avons accordées à ladite Compagnie des Indes Occidentales & à la Compagnie du Sénégal, par notre Edit du mois de Mai 1664, & par les autres de notre Conſeil donnés en faveur de l'une & de l'autre Compagnie, que nous voulons être exécutés comme s'ils avoient été accordés au nom de la Compagnie de Guinée.

## XV.

Les Intéreſſés en la Compagnie fourniront leur ſoumiſſion de faire porter tous les ans par leurs Vaiſſeaux aux Iſles & Colonies de l'Amérique *mille Négres pour y être vendus de gré à gré*, & de faire apporter dans le Royaume par chacune des deux premieres années mille marcs de poudre d'or, & douze cens marcs par chacune des autres années.

CEUX qui ſeront par nous choiſis pour compoſer ladite Compagnie de Guinée, fourniront à notre Secrétaire d'Etat ayant le Département de la Marine & du Commerce, leur ſoumiſſion de faire porter ſur leurs Vaiſſeaux par chacun an, durant le temps porté par ces Préſentes, dans nos Iſles & Colonies de l'Amérique, la quantité de mille Négres de Guinée, que la Compagnie ou ſes Commis pourra néanmoins traiter de gré à gré eſdites Iſles & Colonies, & de faire pendant le même-temps apporter de la côte de Guinée dans notre Royaume, ſavoir, chacune des deux premieres années la quantité de mille marcs de poudre d'or, & celle de douze cens marcs pour chacune des années ſuivantes.

## XVI.

Le Roi fera payer à la Compagnie 13 l. par chaque tête de Noir qu'elle aura fait porter aux Iſles ſur le prix de la Ferme du Domaine d'Occident ſur les certificats de l'In-

ET pour donner moyen à ladite Compagnie de ſoutenir ſon entrepriſe, nous voulons que conformément à ce qui s'eſt pratiqué juſqu'à préſent depuis le traité fait avec Maître Jean Oudiette le 16 Octobre 1675, il ſoit payé à ladite Compagnie la ſomme de treize livres par forme de gratification pour chacune tête de Négre de Guinée qu'elle aura porté dans nos Iſles & Colonies de l'Amérique ſur le prix de notre Domaine d'Occident en la maniere accoûtumée, en en conséquence des certificats de l'Intendant des Isles ou des Gouverneurs en son absence, visés par les Directeurs dudit Domaine.

tendant des Isles ou des Gouverneurs en son absence, *visés par les Directeurs du Domaine.*

XVII.

Et à l'égard de la poudre d'or qu'elle rapportera des Pays de sa concession, nous voulons aussi & ordonnons être payé à ladite Compagnie, par forme de gratification en la maniere que dessus, la somme de vingt livres pour chaque marc de poudre d'or, en rapportant les certifications du Maître & du Garde du Bureau de la Monnoye de Paris, visés par les Directeurs du Domaine d'Occident.

Par marc de poudre d'or 20 l. sur les certificats du Maître & du Garde du Bureau de la Monnoye de Paris. * *Il n'y a plus de Directeurs du Domaine d'Occident.*

XVIII.

Ne seront par nous accordées aucunes Lettres d'Etat, de Répy, Surséance ou Evoquation aux débiteurs de la Compagnie; & si aucunes étoient obtenues de nous ou de nos Juges, nous les avons dès-à-présent comme dès-lors déclarées nulles & de nulle valeur, faisant défense à nos Juges d'y avoir égard. Si donnons en mandement à nos amés & féaux Conseillers, les Gens tenans nos Cours de Parlemens & des Aydes à Paris, que ces Présentes ils fassent lire, publier & enregistrer, & le contenu en icelles garder & observer selon sa forme & teneur, sans souffrir qu'il y soit contrevenu en aucune sorte & maniere que ce soit; car tel est notre plaisir. Et afin que ce soit chose ferme & stable à toujours, nous avons fait mettre notre Scel à cesdites Présentes, sauf en autre chose notre droit & l'autrui en tout. Donné à Versailles au mois de Janvier l'an de grace mil six cent quatre-vingt-cinq, & de notre regne le quarante-deuxiéme. *Signé* LOUIS. *Et plus bas*, par le Roi, Colbert. A côté *visa*, Le Tellier.

Il ne sera accordé aucune Lettre de Répi ni de Surséance aux Débiteurs de la Compagnie.

*Registré, ouï ce requérant le Procureur Général du Roi pour être exécutées selon leur forme & teneur, suivant l'Arrêt de ce jour. A Paris en Parlement le vingt-deuxiéme jour de Janvier mil six cent quatre-vingt-cinq.* Signé Dongois.

*Registré en la Cour des Aydes, ouï & ce requérant le Procureur Général du Roi pour être exécutées selon leur forme & teneur, à la charge que les procès & différens qui naîtront en conséquence des présentes Lettres, pour raison des matiéres qui seront de la Jurisdiction de ladite Cour, dont la connoissance lui appartient par les Ordonnances, seront instruites & jugées en premiere instance par-devant les Officiers des Elections & Greniers à Sel; & par appel en ladite Cour. A Paris le premier jour de Février mil six cent quatre-vingt-cinq.* Signé TRUCHOT.

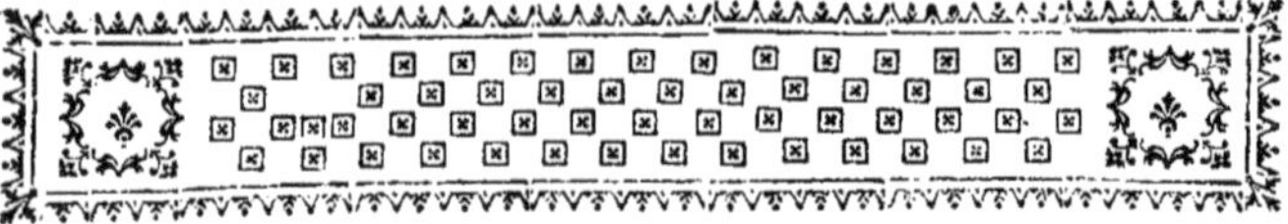

# LETTRES PATENTES

## PORTANT ÉTABLISSEMENT

## *DE LA COMPAGNIE DU SENEGAL.*

Du mois de Mars 1696.

LOUIS PAR LA GRACE DE DIEU, ROI DE FRANCE ET DE NAVARRE : A tous présens & à venir ; SALUT. Au milieu des soins que nous donnons à la défense de nos Etats contre toutes les Puissances de l'Europe, nous ne laissons pas d'avoir l'attention nécessaire sur tout ce qui peut contribuer au bien de nos Peuples, & particuliérement sur le Commerce, dont la continuation peut entretenir l'abondance dans le Royaume, & y apporter les richesses étrangeres ; & comme celui qui se fait au Sénégal & sur la côte d'Affrique est un des plus considérables, tant par le trafic des cuirs, gommes, cires, morphil, poudre & matiére d'or, & autres marchandises fines, que par les Négres qu'on porte aux Isles de l'Amérique, si nécessaires pour la culture des sucres, tabacs, cottons, indigots, & autres denrées qui sont apportées de ces pays en France, & dont nos Sujets tirent de si grands avantages, nous avons résolu de maintenir ce commerce important ; & parce que la Compagnie Royale formée en 1681, peu instruite de la maniere dont il falloit le conduire, a souffert plusieurs pertes qui l'ont mise hors d'état de le continuer, nous avons résolu de le rétablir ; & pour cet effet, nous avons choisi ceux de nos Sujets qui nous ont paru les plus propres, & nous en avons formé une nouvelle Compagnie qui a acquis de l'ancienne son privilége,

Motifs de Sa Majesté pour l'établissement de la nouvelle Compagnie Royale du Sénégal & côtes d'Affrique.

avec les habitations & autres effets contenus dans le Contrat qu'elles ont passé ensemble, dont le prix sera employé au payement des dettes de ladite ancienne Compagnie ; & comme elle nous a très-humblement supplié de lui vouloir accorder nos Lettres de confirmation, & les priviléges expliqués dans les Mémoires qu'elle nous a présentés ; nous voulons bien la traiter favorablement, & contribuer au rétablissement de son Commerce si avantageux au bien de notre Etat : A CES CAUSES, de l'avis de notre Conseil où l'affaire a été mûrement délibérée, après avoir vû & examiné ledit Contrat de vente, & cession faite par l'ancienne Compagnie les 18 Septembre & 13 Novembre mil six cent quatre-vingt-quatorze, l'Arrêt d'homologation du 30 dudit mois de Novembre avec la Société faite en conséquence le vingt-trois Janvier dernier, ensemble nos Edits des mois de Mai 1664 & Décembre 1674, pour l'établissement & révocation de la Compagnie des Indes Occidentales, les Lettres Patentes de confirmation de ladite Compagnie du Sénégal des mois de Juin 1679 & Juillet 1681 ; & les Arrêts de notre Conseil des 30 Mai 1664, 12 Février, 10 Mars, 24 Avril & 26 Août 1665, 10 Septembre 1668, 4 Juin, 18 Septembre & 25 Novembre 1671, 28 Juin 1692, & 10 Août 1694, desquels Contrat, Société, Edits, Lettres Patentes & Arrêts susdatés, copies collationnées sont ci-attachées sous le contre-scel, & de notre certaine science, pleine puissance & autorité Royale, nous avons par ces Présentes signées de notre main, dit, statué & ordonné, disons, statuons & ordonnons ainsi qu'il ensuit.

## ARTICLE PREMIER.

Sa Majesté confirme le Contrat de vente fait par l'ancienne Compagnie au Sieur d'Appougny, & la Société de la nouvelle du 23 Janvier 1696.

Le Contrat de vente & cession qui a été faite par les Directeurs & Intéressés de l'ancienne Compagnie Royale du Sénégal, au profit du sieur d'Appougny notre Conseiller-Secrétaire & de nos Finances, les 18 Septembre & 13 Novembre 1694 ; l'Arrêt d'homologation du 30 dudit mois de Novembre, ensemble l'Acte de Société passé entre ledit sieur d'Appougny & les autres Intéressés le 23 Janvier dernier, feront exécutés ſelon leur forme & teneur ; & à cet effet, nous avons leſdits Contrats & Société, approuvé & confirmé, les approuvons & confirmons par ces Préſentes ; Voulons & nous plaît, que la nouvelle Compagnie Royale du Sénégal formée par ledit Contrat de Société, jouiſſe en pleine propriété avec tous droits de Seigneurie, directe & juſtice, des Forts, habitations, terres & pays appartenans ci-devant à l'ancienne Compagnie, ſoit en vertu des Traités faits avec les Rois Noirs, ou à titre de conquête, tant dans l'Iſle & Château d'Arguin, Riviere & Fort du Sénégal, & leurs dépendances, rivieres de Gambie, Biſſaux & autres rivieres & pays qui ſont le long de la côte d'Affrique, depuis le Cap Blanc juſqu'à la riviere de Serrelionne dans tous les pays de ſa conceſſion, même du Fort de Gambie ci-devant occupé par les Anglois, & ſur eux récemment pris par nos vaiſſeaux, enſemble des conquêtes qu'elle fera ci-après ſur les Naturels du pays ou autres nations étrangeres, ſoit par l'aſſiſtance de nos vaiſſeaux ou par ſiens propres, ſans aucune réſerve ni condition, ſinon de la ſeule foi & hommage lige, que ladite nouvelle Compagnie ſera tenue de nous rendre & à nos ſucceſſeurs Rois, ſous la redevance d'un Eléphant à chaque mutation, au lieu de la couronne d'or du poids de trente marcs portée par l'article premier de notre Déclaration du mois de Juillet 1681, dont nous déchargeons par ces Préſentes ladite nouvelle Compagnie, enſemble de la redevance annuelle d'un marc d'or ou valeur en ambre gris portée par les Contrats de vente du Sénégal & dépendances, des 8 Novembre 1673 & 2 Juillet 1681, à nous dûes à cauſe de notre Domaine d'Occident, attendu que la côte de Guinée, dite côte d'or, a été démembrée de ladite conceſſion du Sénégal par Arrêt de notre Conſeil du 6 Janvier 1685 ; comme auſſi de tous autres droits & profits Seigneuriaux & Féodaux, à la charge de nourrir, entretenir & payer le nombre des Prêtres néceſſaires pour l'adminiſtration des Sacremens aux gens de ladite habitation, pendant le temps de la préſente conceſſion ci-après déclaré, deſquels Prêtres ladite nouvelle Compagnie aura la nomination, le tout ſui-

Veut qu'elle jouiſſe en toute propriété de tout ce qui appartenoit à l'ancienne depuis le Cap Blanc juſqu'à la riviere de Serrelionne.

Même du Fort de Gambie pris ſur les Anglois.

A une ſeule foi & hommage lige, & redevance d'un Eléphant.

Sa Majeſté l'a déchargée de la couronne d'or.

Et du marc d'or au Domaine d'Occident.

Et de tous autres droits & profits Seigneuriaux & Féodaux.

La nouvelle Compagnie entretiendra le nombre de Prêtres néceſſaires.

vant que l'ancienne en a joui ou dû jouir, & conformément aux Lettres Patentes de ſon établiſſement du mois de Juin 1679, & de l'Edit de création de la Compagnie des Indes d'Occident du mois de Mars 1664, & aux mêmes droits, priviléges & exemptions y mentionnées.

## I I.

*Sa Majeſté lui confirme le don de l'Iſle de Gorée.*

JOUIRA en outre la nouvelle Compagnie aux mêmes droits & priviléges que deſſus, des terres & habitations que l'ancienne Compagnie avoit dans l'Iſle de Gorée & dépendances, de laquelle comme à nous appartenant, en conſéquence de la conquête que nous avons faite ſur les Etats Généraux des Provinces-Unies, & de la ceſſion qui nous en a été faite par le Traité de Nimégue du 18 Août 1678, nous avons fait don à l'ancienne Compagnie par nos Lettres Patentes du mois de Juillet 1681, & en tant que beſoin eſt, avons confirmé & confirmons par ces Préſentes la nouvelle Compagnie dans tous les droits de propriété de ladite Iſle & dépendances, Seigneurie, Directe & Juſtice, pour par elle en jouir, & la tenir de nous à une ſeule foi & hommage, & redevance, conjointement avec les autres terres, pays & habitations, à elle cédés par l'ancienne Compagnie par ledit Contrat ſuſdaté.

## I I I.

*Des Mines & Minieres, Forts, Caps, &c.*

JOUIRA auſſi ladite Compagnie de toutes les Mines & Minieres, Forts, Caps, Golfes, Ports, Havres, Côtes, Rivieres, Iſles & Iſlots dans toute l'étendue deſdits pays concédés, & dans ceux qu'elle pourra ci-après conquérir ſur les Naturels du pays & autres nations étrangeres, ſans nous payer pour raiſon de ce aucuns droits de Souveraineté, deſquels nous lui avons fait don.

## I V.

*Avec la faculté d'établir des Juges & Officiers*

POURRA ladite Compagnie Royale, comme Seigneurs hauts-Juſticiers deſdits pays, y établir des Juges & Officiers par-tout où beſoin ſera, leſquels connoîtront de toutes affaires de Justice, Police, Commerce & Navigation, tant civiles que criminelles.

V.

CONFIRMONS aussi, & approuvons la cession & transport faits à la nouvelle Compagnie, par le même Contrat, des vaisseaux & autres bâtimens, marchandises & effets appartenans à l'ancienne Compagnie, dont il sera fait inventaire & procès-verbal par leurs Commis & Préposés sur les lieux lors de la prise de possession, le tout suivant ledit Acte de Société du 23 Janvier dernier.

Confirme aussi le contrat de vente des Vaisseaux, marchandises & effets de l'ancienne Compagnie à la nouvelle.

VI.

CONFIRMONS & approuvons pareillement la cession & transport faits à la nouvelle Compagnie par ledit Contrat, du privilége de faire seule à l'exclusion de tous autres, par elle & par ses Préposés & Commis, le Commerce dans toute l'étendue des habitations & pays qui lui ont été cédés, & par nous confirmés en propriété, & dans la côte d'Affrique aux termes de nos Déclarations & Lettres Patentes.

Du privilége de faire seule le commerce dans tous les lieux de sa concession.

VII.

PERMETTONS en ce faisant à ladite Compagnie de faire les traites de toutes les marchandises, même des Négres captifs, qu'elle pourra seule négocier sur la côte & dans les Terres fermes, & Isles voisines dans l'étendue desdits lieux, les transporter dans les Isles & Terres fermes de l'Amérique, & les vendre aux habitans de gré à gré; faisant défenses aux Lieutenant Général, Intendant, Gouverneurs & à tous Officiers de Justice, d'en régler le prix, le tout pendant le cours & espace de trente années; & à cet effet, avons continué & prorogé le privilége de l'ancienne Compagnie de quatorze années au-delà des seize qui restoient à expirer de l'ancien privilége ci-devant accordé.

De la faculté d'y faire la traite de toutes marchandises, même des Négres.

De les transporter dans l'Amérique.

Les vendre aux habitans.

Défenses aux Officiers d'en régler le prix

Fixe la durée du privilége à 30 années, en prorogeant de 14 les 16 restans de l'ancien.

VIII.

FAISONS en conséquence défenses à tous nos Sujets d'aller en vertu de nos commissions ou permissions, ou de celles

Fait défenses à toutes personnes de trafiquer dans

[illegible] pays, à peine de confiscation des Vaisseaux & marchandises.

des Princes étrangers ou autrement, trafiquer directement ou indirectement, sous quelque prétexte que ce soit, dans tous les pays de ladite Compagnie, à peine de confiscation de leurs vaisseaux & marchandises au profit de ladite Compagnie, à laquelle nous permettons de s'en saisir par force, & de trois mille livres d'amende applicable, moitié aux Hôpitaux des lieux, & l'autre moitié à ladite Compagnie; déclarant dès-à-présent lesdites commissions ou permissions que nous pourrions donner, ou avoir ci-devant données, nulles.

Déclare nulles toutes permissions ou commissions contraires.

## IX.

Sa Majesté permet à la Compagnie de se saisir des Vaisseaux étrangers, dont les prises seront jugées en son Conseil.

PERMETTONS aussi à ladite nouvelle Compagnie, de se saisir par force des vaisseaux & marchandises appartenans aux Sujets des Princes, & Etats étrangers qui seront trouvés négotians dans l'étendue de ladite concession directement ou indirectement, sous quelque prétexte que ce puisse être, à la charge d'en faire juger les prises en notre Conseil au profit de ladite Compagnie, même de s'emparer des Forts & Habitations qu'ils pourroient y avoir établis, ensemble des effets qui s'y trouveront, que dès à-présent nous adjugeons au profit de ladite Compagnie, à l'exception des Portugais qui ont un établissement à Cachau & aux Bissaux, (au Commerce desquels nous n'entendons préjudicier) & des autres Princes & Etats qu'il nous plaira excepter par le prochain Traité de Paix.

## X.

ET en cas que lesdits Vaisseaux pris comme dessus se trouvassent chargés de marchandises propres aux traites de la concession de ladite Compagnie, nous lui permettons d'en disposer par provision, en faisant préalablement dresser procès-verbal & inventaires d'icelles, pour le tout rapporté en notre Conseil, être ordonné ce que de raison, sauf à restituer la valeur de ce qu'elles auront coûté en Europe, au cas que lesdites prises ne soient pas jugées valables.

De disposer par provision des marchandises propres à la traite.

XI.

## XI.

POURRA ladite Compagnie faire construire Forts & Habitations en tous les lieux qu'elle jugera nécessaires pour la défense desdits pays, lesquels Forts aussi-bien que ceux qui y sont déja construits, seront réputés Royaux, & jouiront des mêmes priviléges que les nôtres, faire fondre canons à nos armes, faire poudre & boulets, forger armes, & lever matelots & soldats dans le Royaume pour envoyer audit pays, qui seront engagés comme pour notre service, en prenant notre permission en la forme ordinaire & accoutumée.

Permet de faire construire Forts.

Faire poudre, boulets & armes, fondre canons, &c.

Lever Matelots & Soldats.

## XII.

LADITE Compagnie pourra dans lesdits Forts & Habitations établir tels Gouverneurs qu'elle jugera à propos, lesquels seront nommés & présentés par les Directeurs de ladite Compagnie, pour leur être expédié nos provisions; pourra les destituer toutes fois & quantes que bon lui semblera, & en établir d'autres en leur place, ausquels nous ferons pareillement expédier nos Lettres sans aucune difficulté, en attendant l'expédition desquelles ils pourront commander le temps de six mois ou un an tout au plus, sur les commissions des Directeurs; révoquons toutes commissions que nous pourrions avoir ci-devant données à cet effet, qui demeureront nulles & de nul effet.

D'établir des Gouverneurs dans les Forts.

Revoque toutes Commissions contraires.

## XIII.

POURRA aussi ladite Compagnie armer & équiper en guerre tel nombre de vaisseaux qu'elle jugera à propos pour l'augmentation & sûreté de son Commerce, sur lesquels vaisseaux elle pourra mettre tel nombre de canons que bon lui semblera, arborer le pavillon blanc avec les armes de France, & établir tels Capitaines, Officiers, Soldats & Matelots qu'elle trouvera à propos, lesquels jouiront des mêmes priviléges & exemptions que les nôtres.

Permet d'armer & équiper des Vaisseaux en guerre.

Arborer le pavillon blanc, établir Capitaines, &c. avec les mêmes priviléges que ceux de Sa Majesté.

## XIV.

D'armer deux Vaisseaux lorsque les Ports seront fermés.

Promet de lui faire fournir des Matelots des Classes.

S'il arrivoit que les Ports fussent fermés, & qu'il fût défendu à tous Négocians d'armer des vaisseaux, permettons néanmoins à ladite Compagnie d'en armer deux au moins tous les ans; voulons qu'il leur soit fourni pour lesdits armemens des matelots de nos Classes sans aucun empêchement.

## XV.

De la défendre & assister contre les ennemis de son Etat.

Et en cas que la Compagnie fût menacée ou troublée en la possession desdits pays & terres de sa concession, & dans le Commerce, par les ennemis de notre Etat, nous promettons de la défendre & assister de nos armes & de nos vaisseaux à nos frais & dépens.

## XVI.

Lui accorde l'exemption de tous droits de sortie & autres généralement imposés & à imposer sur les marchandises & munitions destinées pour son commerce.

Toutes les marchandises & munitions de guerre & de bouche que ladite Compagnie aura destinées pour lesdits lieux, ensemble pour les Isles & Colonies de l'Amérique, seront exemptes de tous droits de sortie, & autres généralement quelconques, conformément aux Arrêts de notre Conseil des 18 Septembre & 25 Novembre 1671, même en cas qu'elles sortent par le Bureau d'Ingrande, quoiqu'il ne soit exprimé dans lesdits Arrêts, ensemble des droits qui pourroient être imposés, encore que les exempts & privilégiés y fussent assujettis; à la charge par les Directeurs commis & préposés de ladite Compagnie, de donner à l'Adjudicataire de nos Fermes, un certificat comme lesdites marchandises, vivres & munitions de guerre & de bouche seront pour le compte de ladite Compagnie, & destinées pour être transportées dans lesdits pays.

## XVII.

Les marchandises & munitions de guerre & de bouche, bestiaux, vins, eau-de-vie, chairs, farines & autres denrées, ensemble les futailles vuides, bois merrain, & à bâtir vaisseaux, le tout pour l'usage de ladite Compagnie, qu'elle fera transporter dans ses Magasins & Ports de Mer pour les charger dans ses vaisseaux, seront pareillement exempts de tous droits d'octrois & d'entrées des Villes, Ports, Péages, Passages, Travers, Domaine & autres impositions qui se perçoivent ès rivieres de Loire, de Seine & autres, même des droits qui ont été par nous aliénés ou attribués sous le titre d'Offices créés, & de tous autres droits généralement de quelque nature qu'ils soient, mis & à mettre, encore que les exempts & privilégiés y fussent assujettis; défendons aux Maires & Echevins, Jurats, Consuls, Syndics & Habitans des Villes, aux pourvûs desdits Offices, & aux Fermiers, Propriétaires ou Engagistes desdits droits, d'en exiger aucuns de ladite Compagnie pour raison de ce que dessus, à peine de restitution, & de tous dommages & intérêts.

De tous droits d'Octrois & d'entrées de Villes, Péages, Passages, Domaine & autres.

Des droits aliénés & attribués à des Offices.

Et autres généralement mis & à mettre.

## XVIII.

COMME aussi jouira suivant les Arrêts de notre Conseil desdits jours 24 Avril & 26 Août 1665, de l'exemption de tous droits d'entrée & de sortie, & du bénéfice de l'entrepôt des munitions de guerre & de bouche, bois, chanvres, toiles à faire voile, cordages, goudrons, canons de fer & de fonte, poudre, boulets, armes, fer & autres choses généralement quelconques de cette qualité; que ladite Compagnie fera venir pour son compte, tant des pays étrangers, que de ceux de notre obéissance, soit que lesdites choses soient destinées pour l'avituaillement, armement, radoub, équippement ou construction des Vaisseaux qu'elle équippera, ou fera construire dans nos Ports, soit qu'elles doivent être transportées ès lieux de sa concession.

De tous droits d'entrée & de sortie, des munitions & autres choses généralement que la Compagnie fera venir, tant des Pays étrangers que du Royaume.

Veut qu'elle jouisse du bénéfice de l'entrepôt.

## XIX.

TOUTES les marchandises qui viendront pour le compte de ladite Compagnie, tant du Sénégal & côtes d'Affrique, que des Isles & Colonies Françoises de l'Amérique, seront exemptes conformément à l'Arrêt de notre Conseil du 30 Mai 1664, de la moitié de tous droits d'entrée en France, à nous ou à nos Fermiers appartenans, soit qu'ils eussent été

Sa Majesté exempte toutes les marchandises venant du Sénégal & des Isles de l'Amérique, de la moitié des droits d'entrées impofés & à impofer.

impofés lors dudit Arrêt, ou qu'ils l'ayent été depuis, même de ceux qui le pourroient être à l'avenir, encore que les exempts & privilégiés y fuffent affujettis; faifant défenfes à nofdits Fermiers, leurs Commis & tous autres, d'en exiger au-delà du conténu aux Préfentes, à peine de concuffion & de reftitution du quadruple; & pour l'exécution du préfent article, même pour prévenir les conteftations qui pourroient naître entre ladite Compagnie du Sénégal ou leurs Directeurs, & l'Adjudicataire de nos Fermes, fes Commis & Prépofés, ordonnons à ladite Compagnie de donner à l'Adjudicataire de nos Fermes aux Bureaux par lefquels entreront lefdites marchandifes, des déclarations certifiées d'eux, ou de leurs Directeurs, lefquelles enfuite pourront être pefées, vûes, vifitées, & expédiées par les Commis de l'Adjudicataire de nos Fermes, fans toutesfois que ladite Compagnie foit affujettie à faire vifiter ni pefer la poudre & matiére d'or qu'elle fera entrer dans notre Royaume, que nous déclarons par ces Préfentes exempte de toutes vifites & de tous droits, à la charge toutesfois de la repréfenter au Bureau de la Monnoie de Paris.

Déclare la matiere & poudre d'or exempte de vifite & de tous droits.

## XX.

La Compagnie fera fes équipemens & retours dans les Ports de France.

LADITE Compagnie fera faire tous les équippemens & retours de fes vaiffeaux dans les Ports de France, où elle pourra, conformément à l'Arrêt de notre Confeil du dix Septembre 1668, faire décharger, fi bon lui femble, les fucres, tabacs & autres marchandifes venant des pays de fa conceffion, avec la faculté de les envoyer enfuite dans les pays étrangers, fans payer aucuns droits que de ce qui fera déclaré pour être confommé dans notre Royaume, & jouira ladite Compagnie d'un libre entrepôt pour lefdites marchandifes qu'elle pourra envoyer par tranfit en tels lieux qu'elle jugera à propos, pour le bien & avantage de fon Commerce, lequel tranfit Sa Majefté n'a accordé que pour cinq années, fauf à le continuer après ce temps, fi elle l'eftime néceffaire.

Jouira de l'entrepôt.

Et du tranfit pendant cinq ans fauf à le continuer.

## XXI.

SERA tenu l'Adjudicataire de nos Fermes, de déclarer dans quinzaine du jour que l'arrivée des tabacs lui aura été déclarée, s'il veut les prendre en tout ou partie, auquel cas il en sera fait estimation de gré à gré, sinon par Experts dont les parties conviendront; autrement il en sera nommé d'Office par le Juge des Traites, & après la quinzaine expirée sans que l'Adjudicataire ait fait sa déclaration, il sera loisible à ladite Compagnie de les faire passer dans les pays étrangers.

Les Tabacs de la Compagnie seront pris par l'Adjudicataire des Fermes de Sa Majesté, &c.

Sinon permis de les faire passer dans les Pays étrangers.

## XXII.

LA Compagnie sera exempte des droits de Capitation pour les Négres qu'elle fera transporter dans les Isles de l'Amérique, où elle en pourra faire des Magasins en attendant la vente d'iceux, desquels droits nous lui faisons don & remise, à moins que les Négres ne travaillassent pour le compte de ladite Compagnie, auquel cas elle payera les mêmes droits de Capitation que les habitans.

Sa Majesté accorde l'exemption du droit de capitation sur les Négres qui seront transportés aux Isles.

## XXIII.

POURRA ladite Compagnie faire bâtir des magasins & habitations auxdites Isles de l'Amérique, pour resserrer les sucres qui proviendront de la vente desdits Négres, même les y faire raffiner, pourvû que ce soit dans des raffineries établies avant 1684.

Permet à la Compagnie de bâtir des Magasins & Habitations aux Isles.

Et d'y faire rafiner ses sucres.

## XXIV.

VOULONS que conformément à l'Arrêt de notre Conseil du 25 Mars 1679, il soit payé à ladite Compagnie la somme de treize livres par forme de gratification, pour chacune tête de Négre qu'elle aura porté dans nos Isles & Colonies de l'Amérique, en conséquence des certificats de l'Intendant des Isles, ou des Gouverneurs en son absence; & sur lesdits certificats, sera ladite somme de treize livres payée par le Garde de notre Trésor Royal.

Accorde treize livres de gratification pour chaque tête de Négre.

## XXV.

*Et vingt livres pour chaque marc de poudre ou matiére d'or, outre le prix courant.*

Et pour la poudre & matiére d'or que ladite Compagnie fera entrer en France, venant des pays de sa concession, nous voulons aussi, & ordonnons être payé à ladite Compagnie par forme de gratification, la somme de vingt livres par chaque marc de poudre ou matiére d'or, en rapportant la certification du Directeur général de la Monnoie de Paris; & sur icelle sera ladite somme de vingt livres payée par le Garde de notre Trésor Royal, & ce outre & pardessus le prix de ladite matiére qui sera payée à ladite Compagnie, suivant nos tarifs.

## XXVI.

*Sa Majesté donnera des passeports aux Vaisseaux étrangers dont la Compagnie se servira, sans pour ce payer aucuns droits.*

*La Compagnie ne pourra faire aucun Traité avec les Etrangers sans permission de Sa Majesté.*

*Ni faire partir ses Vaisseaux sans passeports.*

Seront par nous délivrés les Passeports nécessaires aux Etrangers pour les Vaisseaux sur lesquels ils iront prendre dans les concessions de ladite Compagnie, & aux Isles de l'Amérique, les Négres & autres marchandises qui leur seront par elle vendues, ou qu'ils apporteront pour le compte de ladite Compagnie dans nos Ports, sans qu'elle soit tenue pour raison de ce, de nous payer aucuns droits : faisons défenses à ladite Compagnie, de faire aucun Traité avec les Etrangers sans notre permission, & de faire partir aucuns de ses Vaisseaux sans nos Passeports, que nous donnerons suivant l'exigence des cas.

## XXVII.

*Tiendra des Registres en parties doubles, auxquels foi sera ajoutée en Justice.*

Il sera tenu de bons & fidéles livres Journaux de caisse, d'achapts, de vente, d'envois & de raison, en parties doubles, tant dans la Direction générale de Paris, que par les Commissionnaires de la Compagnie dans les Provinces, & dans les pays de la concession auxquels sera ajouté foi en Justice.

## XXVIII.

*Sera gouvernée suivant la Société du 23 Janvier dernier.*

Sera ladite Compagnie régie & gouvernée, suivant & au desir de la Société passée le 23 Janvier dernier, & ainsi que pour le plus grand bien de la chose il sera avisé entre les Associés en leurs assemblées, comme de leur chose propre, & à eux appartenant.

XXIX.

Lui permet de dresser Statuts & Réglemens qui seront exécutés.

PERMETTONS à ladite Compagnie, de dresser & arrêter tels Statuts & Réglemens, que bon lui semblera, pour la conduite & régie de son Commerce, tant en Europe que dans lesdits pays concédés, & par-tout où besoin sera, lesquels seront exécutés selon leur forme & teneur.

XXX.

Les créanciers de l'ancienne Compagnie mettront leurs titres entre les mains de Sa Majesté dans quatre mois pour leur être pourvû sur les deniers du prix de la vente.

Après ledit temps, n'auront aucune action contre la nouvelle Compagnie.

Sauf à eux à se pourvoir contre les anciens Intéressés.

CEUX qui se prétendront créanciers de l'ancienne Compagnie, ou avoir droit en la chose, seront tenus dans quatre mois du jour de la publication des Présentes, de remettre en nos mains leurs Piéces & Mémoires, pour leur être par nous pourvû sur les deniers provenans du prix de la vente, après lequel temps ils demeureront déchus purement & simplement, de pouvoir exercer aucune action contre la nouvelle Compagnie; sauf à eux à se pourvoir contre ledit sieur d'Appougny & autres Intéressés en ladite ancienne Compagnie.

XXXI.

Les effets, fonds & profits de la nouvelle Compagnie non sujets à saisie pour deniers de Sa Majesté.

Mais pour dettes particuliéres en la maniére ci-prescrite.

NE pourront les effets de ladite Compagnie, ni les fonds des Intéressés en icelle, tant en principal que profits, être saisis pour nos deniers & affaires, ni sous quelque autre prétexte que ce soit; & en cas de saisie & arrêt qui pourroient être faits à la requête des créanciers particuliers d'aucuns Intéressés, elles tiendront entre les mains du Caissier général de ladite Compagnie, qui fera délivrance jusqu'à concurrence des causes de la saisie, & à proportion des répartitions qui devront être faites entre les Associés suivant les résultats de l'assemblée, & les comptes qui y seront arrêtés, auxquels les saisissans seront tenus de se rapporter, sans que sous quelque prétexte que ce soit, le Caissier général ou particulier, & les Commis préposés & Directeurs de la Compagnie soient tenus d'en rendre compte, ni faire déclaration en conséquence desdites saisies, desquels ils seront déchargés en représentant les comptes arrêtés par la Compagnie qui leur serviront de décharge, en payant néanmoins le reliquat à qui il sera dû, si aucun y a ; à la charge que les saisissans feront vuider les saisies dans les six mois du jour qu'elles auront été faites, après lesquelles elles seront nulles & comme non avenues, & ladite Compagnie pleinement déchargée.

Les saisies après six mois nulles.

XXXII.

Les gages des Employés non sujets à saisie.

Ne seront pareillement sujets à aucune saisie, les gages & appointemens des Officiers, Commis & Employés de ladite Compagnie.

XXXIII.

Sa Majesté attribue Jurisdiction aux Consuls pour les affaires de la Compagnie.

Tous procès & différends qui pourroient naître entre la Compagnie & les particuliers non intéressés pour raison des affaires d'icelle, seront jugés & terminés par les Juges-Consuls, dont les Sentences s'exécuteront en dernier ressort jusqu'à la somme de quinze cens livres, & au-dessus par provision, sauf l'appel.

XXXIV.

Et quant aux matiéres criminelles dans lesquelles ladite Compagnie sera partie, ou aucun des Intéressés pour les affaires d'icelle, soit en demandant, soit en défendant, elles seront jugées par les Juges ordinaires, sans que le criminel puisse attirer le civil, lequel sera jugé comme il est dit ci-dessus.

Le criminel ne pourra attirer le civil.

XXXV.

Promet de ne donner aucunes Lettres d'Etat, répi, évocation ou surséance aux débiteurs de la Compagnie.

Ne sera par nous accordé aucunes Lettres d'Etat ni de répi, évocation, ou surséance aux débiteurs de la Compagnie, lesquels seront contraints au payement par les voies, & ainsi qu'ils y seront obligés.

XXXVI.

Accorde aux Intéressés le droit de Bourgeoisie

Les Intéressés en ladite Compagnie & ses Employés, acquierreront le droit de Bourgeoisie dans les Villes du Royaume me où ils feront leur résidence, & s'ils sont Nobles, ne dérogeront à leur noblesse & privilége.

dans les Villes de leur résidence.

Les Intéressés nobles ne dérogeront à leur noblesse.

XXXVII.

Et d'autant que le bon succès des affaires de ladite nouvelle Compagnie, dépendra particuliérement de la conduite & vigilance des Intéressés, nous promettons à ceux qui s'en seront bien acquittés, de leur donner des marques d'honneur qui passeront jusques à leur posterité.

Fait espérer des marques d'honneur aux Intéressés.

XXXVIII.

Les Officiers intéressés dans ladite Compagnie pour une des vingt Actions dont la Société est composée, seront dispensés de la résidence, & jouiront de leurs gages & droits comme s'ils étoient présens aux lieux de leur résidence, à la charge d'assister aux délibérations & assemblées en la maniere prescrite par ladite Société.

Dispense les Officiers Intéressés de la résidence, lesquels jouiront de leurs gages & droits comme présens, &c.

XXXIX.

Si aucuns desdits Intéressés en ladite Compagnie, Capitaines de ses Vaisseaux, Officiers, Commis ou Employés, actuellement occupés aux affaires de ladite Compagnie, étoient pris par les Sujets des Princes & Etats avec lesquels nous pourrions être en guerre, nous promettons de les faire retirer ou échanger.

Fera retirer ou échanger les Intéressés ou Officiers qui pourroient être pris par les ennemis.

XL.

Pourra ladite Compagnie prendre pour ses armes un écusson en champ d'azur, semé de fleur-de-lys d'or sans nombre, deux Négres pour supports, & une couronne treflée; lesquelles armes nous lui concédons pour s'en servir dans ses sceaux & cachets, & que nous lui permettons de mettre & apposer aux édifices publics, vaisseaux, canons, & partout ailleurs où elle jugera à propos.

Accorde à la Compagnie pour armes un écusson d'azur, semé de fleur-de-lys d'or & deux Négres.

XLI.

Apre's lesdites 30 années expirées, les Terres & Isles

Sa Majesté veut que tout ce que

dessus appartienne en toute propriété à la Compagnie après lesdites trente années.

Et lui permet d'en disposer.

contenues au Contrat de cession ci-devant énoncé, ensemble celles que ladite Compagnie aura acquises ou conquises, avec tous les droits en dépendans, lui demeureront à perpétuité en toute propriété, Seigneurie & Justice, pour en disposer comme de son propre héritage, sans y pouvoir être troublée, ni que nous puissions retirer lesdites Terres & Isles, pour quelque cause, occasion ou prétexte que ce soit, à quoi nous avons renoncé dès-à-présent; comme aussi des forts, armes & munitions, meubles, vaisseaux, marchandises & effets : voulons que si après ledit temps, le privilége du Commerce du Sénégal & pays de la concession de la nouvelle Compagnie étoit continué en faveur de quelques autres de nos Sujets, les Impétrans soient tenus de lui rembourser la somme à laquelle ils conviendront à l'amiable pour le prix de ladite propriété, Seigneurie & Justice desdites Terres & Isles, forts & armes, munitions, vaisseaux, marchandises & autres effets généralement, qui se trouveront lors appartenir à ladite Compagnie, sinon à dire d'Arbitres dont les Parties conviendront, & jusques audit remboursement, lesdits Impétrans ne pourront traiter ni trafiquer dans lesdits lieux.

Veut que ceux qui obtiendront après ledit temps le privilége du commerce du Sénégal, remboursent à la Compagnie le prix du tout avant d'y pouvoir traiter.

## XLII.

Au surplus lesdites Lettres en forme d'Edit pour l'établissement de ladite Compagnie des Indes Occidentales du mois de Mai 1664, & les Lettres de confirmation des anciennes Compagnies du Sénégal des mois de Juin 1679 & Juillet 1681, ensemble les Arrêts depuis rendus en leur faveur, même ceux ci-dessus datés des 28 Juin 1692 & 10 Août 1694, seront exécutés au profit des Intéressés en la présente Compagnie; laquelle en ce faisant, jouira de tous les droits, priviléges & exemptions portés par iceux, comme s'ils avoient été donnés à sa requête & exprimés dans ces Présentes.

La Compagnie jouira desdroits, exemptions & priviléges accordés aux anciennes Compagnies des Indes Occidentales & du Sénégal.

## XLIII.

Toutes lesquelles conditions ci-dessus, nous promettons exécuter de notre part, & faire exécuter par-tout où besoin ſera, & en faire jouir pleinement & paiſiblement ladite Compagnie, ſans que pendant le tems de la préſente conceſſion il puiſſe y être apporté aucune diminution, altération ni changement. Si donnons en mandement à nos amés & feaux Conſeillers, les Gens tenant notre Cour de Parlement, Chambre des Comptes & Cour des Aydes à Paris, que ces Préſentes ils ayent à lire, publier & regiſtrer, & le contenu en icelles garder & obſerver ſelon leur forme & teneur, ſans y contrevenir ni ſouffrir qu'il y ſoit contrevenu en aucune ſorte & maniere que ce ſoit, nonobſtant tous Edits, Déclarations & autres choſes à ce contraires, auxquels nous avons dérogé & dérogeons par ces Préſentes, aux copies deſquelles collationnées par l'un de nos amés & féaux Conſeillers Secrétaires, voulons que foi ſoit ajoûtée comme à l'original; car tel eſt notre plaiſir. Et afin que ce ſoit choſe ferme & ſtable à toujours, nous y avons fait mettre notre Scel. DONNE' à Verſailles au mois de Mars l'an de grace mil ſix cent quatre-vingt-ſeize, & de notre regne le cinquante-troiſiéme. *Signé* LOUIS. *Et plus bas*, par le Roi, PHELYPEAUX. *Viſa* BOUCHERAT. Et ſcellé du grand Sceau de cire verte.

Sa Majeſté promet de la faire jouir de toutes les conditions ci-deſſus pendant le temps de la préſente conceſſion, ſans diminution ni changement.

*Regiſtrées, oüi & ce requérant le Procureur Général du Roi, pour être exécutées ſelon leur forme & teneur, ſuivant l'Arrêt de ce jour. A Paris en Parlement le vingtiéme Mars mil ſix cent quatre-vingt-ſeize.* Signé DU TILLET.

*Regiſtrées en la Cour des Aydes, oüi & ce requérant le Procureur Général du Roi, pour être exécutées ſelon leur forme & teneur, & ordonné que les procès & différens qui naîtront pour raiſon des matieres dont la connoiſſance lui appartient aux termes des Edits, Ordonnances & Déclarations du Roi, ſeront inſtruits & jugés en ladite Cour en la maniere accoûtumée. A Paris le quatorze Mai mil ſix cent quatre-vingt-ſeize.*

Signé PERET.

*Registrées en la Chambre des Comptes, en conséquence des Lettres de relief de surannation, registrées cejourd'hui; oui le Procureur Général du Roi pour être exécutées selon leur forme & teneur, & jouir par les Directeurs de la Compagnie des Indes de l'effet & contenu en icelles, aux charges, clauses & conditions portées en l'Arrêt sur ce fait, & sans approbation de l'enregistrement des présentes Lettres en la Cour des Aydes avant la Chambre, le huit Avril mil sept cent cinquante-quatre.* Signé GOUGENOT.

# APPROBATION
## DE LA CESSION FAITE
## *A LA COMPAGNIE D'OCCIDENT*
## PAR LA COMPAGNIE DU SENEGAL
## DE SON PRIVILEGE.

*Du* 10 *Janvier* 1719.

*EXTRAIT DES REGISTRES DU CONSEIL D'ETAT.*

SUR ce qui a été repréſenté au Roi, étant en ſon Conſeil, par la Compagnie d'Occident, que depuis ſon établiſſement elle a donné tous ſes ſoins & toute ſon attention à l'augmentation du commerce; que c'eſt dans cette vue qu'elle s'eſt rendue Adjudicataire de la Ferme générale du Tabac, & qu'au moyen de cette Ferme elle ſe trouve en état de procurer la vente & le débit des Tabacs qui proviendront, tant du cru & des cultures de la Colonie de la Louiſianne, que de ceux des autres Colonies Françoiſes de l'Amérique; que c'eſt le moyen le plus efficace pour encourager les habitans établis dans ces Colonies à rétablir cette culture abandonnée, & pour exciter les Sujets de Sa Majeſté à y former de nouveaux établiſſemens utiles à l'Etat, & qu'elle viendra à bout par ce moyen de remettre entre les mains de la Nation un commerce qui étoit preſqu'entiérement paſſé à l'Etranger; mais cet objet, tout avantageux qu'il eſt au public, reſteroit imparfait si la Compagnie n'avoit pas poussé ses vûes plus loin, parce que le défrichement & la culture des terres ne pouvant se faire sans le secours des Négres, son premier soin doit être de prendre les mesures les plus convenables pour en transporter sur les terres de sa Colonie le plus grand nombre qu'il est possible, & avoir en même-temps attention que ce transport se fasse avec diligence & œconomie. C'est par ces différens motifs qu'elle a jugé qu'il lui étoit avantageux d'acquérir les terres, concessions, priviléges, marchandises, Vaisseaux, & généralement les effets de quelque nature qu'ils puissent être, appartenans à la Compagnie du Sénégal, dont le principal commerce est la traite des Négres; & sur la proposition qui en a été faite aux Directeurs de cette Compagnie, ils ont cru devoir l'accepter, préférant en cela le bien public à leur intérêt particulier; ensorte que les deux Compagnies s'étant réunies pour convenir de la maniere de faire cette vente, il a été passé entre les Directeurs des deux Compagnies un écrit double en forme de délibération, par lequel la Compagnie du Sénégal a vendu, cédé & transporté à la Compagnie d'Occident le privilége exclusif du commerce du Sénégal, ensemble tous les établissemens, Forts, habitations, Comptoirs, effets, marchandises, Vaisseaux & autres Bâtimens de mer, même toutes les dettes actives que ladite Compagnie a dans son commerce, tant au Sénégal qu'à saint Domingue, en France, dans les Pays étrangers & à la mer, sans en rien réserver ni excepter. Cette vente & cession ainsi faite pour le prix & somme de seize cens mille livres payables, savoir, deux cens mille livres en billets de l'Etat, deux cens mille livres comptant en espéces sonnantes, quatre cens mille livres au 15 Avril 1719, quatre cens mille livres au 15 Août suivant, & les quatre cens mille livres restant au 15 Décembre de la même année; & encore à condition que la Compagnie d'Occident entrera dans tous les engagemens contractés par les Directeurs de la Compagnie du Sénégal pour le commerce de ladite Compagnie, tant en France, Sénégal, saint Domingue, que dans les Pays étrangers, ensorte que pour consommer entiérement cette vente, il ne reste plus aux deux Compagnies que d'en obtenir de Sa Majesté l'approbation & la confirmation. Vû ledit écrit en forme de délibération, ouï le rapport, & tout considéré, SA MAJESTE' ETANT EN SON CONSEIL, de l'avis de M. le Duc d'Orléans Régent, a approuvé, confirmé & autorisé, approuve, confirme & autorise ledit écrit en forme de délibération, passé le 15 du mois de Décembre de l'année derniere 1718, entre les Directeurs de la Compagnie d'Occident & ceux de la Compagnie du Sénégal, dont copie collationnée par le Sieur de Serival, Secrétaire de ladite Compagnie d'Occident, demeurera annexée à la minute du présent Arrêt, à condition que ladite Compagnie d'Occident sera tenue d'envoyer chaque année dans la Colonie de saint Domingue la quantité de Négres dont il sera convenu; a ordonné & ordonne Sa Majesté que ledit écrit en forme de délibération sera exécuté selon sa forme & teneur, & en conséquence que ladite Compagnie d'Occident jouira à l'avenir de toutes les concessions, droits, priviléges & établissemens accordés à la Compagnie du Sénégal, & ainsi que ladite Compagnie du Sénégal en a bien & duement joui ou dû jouir, suivant les Edits, Lettres Patentes & Arrêts du Conseil rendus tant en faveur de ladite Compagnie du Sénégal que de celles qui l'ont précédé; que la Compagnie d'Occident demeurera pareillement subrogée en tous les droits, noms, raisons & actions de la Compagnie du Sénégal, en satisfaisant par ladite Compagnie d'Occident aux clauses & conditions dudit écrit; & pour l'exécution du présent Arrêt, toutes Lettres Patentes nécessaires seront expédiées. FAIT au Conseil d'Etat du Roi, Sa Majesté y étant, tenu à Paris le dix Janvier mil sept cent dix-neuf. *Signé* FLEURIAU.

# ARREST

## PORTANT REUNION A PERPETUITE'

## A LA COMPAGNIE DES INDES

## *Le commerce de la côte de Guinée.*

Du 27 Septembre 1720.

*EXTRAIT DES REGISTRES DU CONSEIL D'ETAT.*

LE Roi s'étant fait représenter en ſon Conſeil ſes Lettres Patentes du mois de Janvier 1716, par leſquelles Sa Majeſté auroit permis à tous les Négocians de ſon Royaume de faire librement le commerce des Négres, de la poudre d'or & de toutes les autres marchandiſes qu'ils pourroient tirer des côtes d'Affrique, depuis la riviere de Serrelionne incluſivement, juſqu'au Cap de Bonne-Eſpérance; & Sa Majeſté étant informée qu'au lieu des avantages qu'on attendoit de cette liberté générale, il en réſulte de très-grands inconvéniens; le concours des différens particuliers qui vont commercer ſur cette côte, & leur empreſſement à accélérer leurs cargaiſons pour éviter les frais du ſéjour, étant cauſe que les Naturels du pays font ſi exceſſivement baiſſer le prix des marchandiſes qu'on leur porte, & tellement ſuracheter les Négres, la poudre d'or & les autres marchandiſes qu'on y va chercher, que le commerce y vient ruineux & impraticable; Sa Majeſté a réſolu d'y pourvoir en acceptant les offres de la Compagnie des Indes, de faire tranſporter par chacun an juſqu'à trois mille Négres au moins auxdites Iſles Françoiſes de l'Amérique, au lieu du nombre de de mille Négres porté par les Lettres Patentes de 1685, s'il plaît à Sa Majesté de rétablir en faveur de ladite Compagnie des Indes le privilége exclusif pour le commerce de ladite côte de Guinée, lequel sera d'autant plus facile à ladite Compagnie, & d'autant plus avantageux à l'Etat, que ladite Compagnie se trouvant en situation de porter, tant des Indes que du Royaume, toutes les marchandises nécessaires pour le commerce de ces côtes, & d'y faire des établissemens par le moyen desquels les Vaisseaux qu'elle y enverra trouveront à leur arrivée des cargaisons prêtes pour leur retour, elle pourra non-seulement fournir aux Colonies Françoises de l'Amérique, à un prix raisonnable, le nombre des Négres nécessaires pour l'entretien & l'augmentation de la culture de leurs terres, mais encore faire entrer dans le Royaume une quantité considérable de poudres & matiéres d'or, & d'autres marchandises propres pour le commerce; sur quoi voulant Sa Majesté rendre ses intentions publiques, ouï le rapport, SA MAJESTE' ETANT EN SON CONSEIL, de l'avis de M. le Duc d'Orléans Régent, a ordonné & ordonne ce qui suit.

ARTICLE PREMIER.

SA MAJESTE' a révoqué & révoque la liberté accordée par ses Lettres Patentes du mois de Janvier 1716 pour le commerce de la côte de Guinée, & a accordé & réuni, accorde & réunit à la Compagnie des Indes le privilége à perpétuité de la traite des Négres, de la poudre d'or & autres marchandises qui se tirent des côtes d'Affrique, depuis la riviere de Serrelionne inclusivement, jusqu'au Cap de Bonne-Espérance, à la charge par ladite Compagnie de faire transporter suivant ses offres par chacun an la quantité de trois mille Négres au moins aux Isles Françoises de l'Amérique.

II.

FAIT Sa Majesté très-expresses inhibitions & défenses à tous ses Sujets de faire la navigation & commerce desdits pays, soit en partant des Ports du Royaume, soit en partant des Ports étrangers, pour quelque cause & sous quelque prétexte que ce soit; comme aussi de transporter des Négres de quelque pays que ce puisse être, aux Isles Françoises de l'Amérique, le tout à peine de confiscation des Vaisseaux, armes, munitions & marchandises au profit de ladite Compagnie des Indes.

## III.

APPARTIENDRONT à ladite Compagnie des Indes en pleine propriété les terres qu'elle pourra occuper dans l'étendue de la présente concession, pour y faire tels établissemens que bon lui semblera, y construire des Forts pour sa sureté, y faire transporter des armes & canons, y établir des Commandans & le nombre d'Officiers & de Soldats qu'elle jugera nécessaire pour assurer son commerce, tant contre les Etrangers que contre les Naturels du pays, à l'effet de quoi Sa Majesté permet à ladite Compagnie des Indes de faire avec les Rois Négres tels traités qu'elle avisera.

## IV.

LES prises, si aucunes sont faites par ladite Compagnie, des Navires qui viendront traiter dans les pays qu'elle aura occupés, ou qui au préjudice de son privilége exclusif, transporteroient des Négres aux Isles & Colonies Françoises de l'Amérique, seront instruites & jugées en la forme portée par les Ordonnances & Réglemens de Sa Majesté.

## V.

JOUIRA ladite Compagnie de l'exemption de tous droits de sortie sur les marchandises destinées pour les lieux de la susdite concession, & pour les Isles & Colonies Françoises de l'Amérique, même en cas qu'elles sortent par le Bureau d'Ingrande.

## VI.

A l'égard des marchandises de toutes sortes que ladite Compagnie fera apporter pour son compte des pays de ladite concession, elles seront exemptes de la moitié des droits appartenans à Sa Majesté ou aux Fermiers, mis ou à mettre aux entrées des Ports & Havres du Royaume; faisant Sa Majesté défenses à ses Fermiers, leurs Commis & tous autres d'en exiger davantage, à peine de concussion & de restitution du quadruple. Veut Sa Majesté que les sucres & autres espéces de marchandises que ladite Compagnie apportera des Isles Françoises de l'Amérique, provenant de la vente & du troc des Négres, jouissent de la même exemption, en justifiant par un certificat du Sieur Intendant auxdites Isles, ou d'un Commissaire Ordonnateur, ou du Commis du Domaine d'Occident, que lesdites marchandises embarquées auxdites Isles, proviennent de la vente & du troc des Négres que lesdits Vaisseaux y auront déchargés, lesquels certificats feront mention du nombre des Vaisseaux & du nombre des Négres qui auront été débarqués auxdites Isles, & demeureront au Bureau des Fermes de Sa Majesté, dont les Receveurs donneront une ampliation sans frais aux Capitaines ou Armateurs.

## VII.

FAIT pareillement Sa Majesté défenses aux Maires, Echevins, Consuls, Jurats, Syndics & Habitans des Villes d'exiger de ladite Compagnie aucuns droits d'Octroi, de quelque nature qu'ils soient, sur les denrées & marchandises qu'elle fera transporter dans ses Magasins & Ports de mer pour les charger dans ses Vaisseaux, Sa Majesté déchargeant ladite Compagnie desdits droits, nonobstant toutes Lettres, Arrêts & clauses contraires.

## VIII.

SA MAJESTE' décharge ladite Compagnie des Indes des droits de vingt livres par chaque Négre, & de trois livres par tonneau du port des Vaisseaux, imposés par l'article III. desdites Lettres Patentes du mois de Janvier 1716, sur les Négocians qui iroient commercer à ladite côte de Guinée, & lui fait en outre don de tous les Forts & Comptoirs construits

& établis à ladite côte, pour appartenir à ladite Compagnie à perpétuité en toute propriété ; au moyen de quoi Sa Majesté demeurera pour l'avenir déchargée de toute la dépense nécessaire pour l'entretien, tant desdits Forts & Comptoirs, que pour les payemens des garnisons & des appointemens des Directeurs, Commis & autres Employés.

IX.

VEUT Sa Majesté que par forme de gratification il soit payé à ladite Compagnie sur les revenus du Domaine d'Occident, treize livres par chaque Négre qu'elle justifiera avoir porté dans les Isles & Colonies de l'Amérique, par un certificat de l'Intendant des Isles ou des Gouverneurs en son absence, & vingt livres par chacun marc de poudre d'or qu'elle justifiera avoir apporté dans le Royaume par des certificats des Directeurs de la Monnoye de Paris.

X.

OUTRE les droits, priviléges & affranchissemens ci-dessus, jouira ladite Compagnie pour son commerce à ladite côte de Guinée, de tous ceux dont elle a droit de jouir pour son commerce dans la Province de la Louisianne, en conséquence des Lettres Patentes du mois d'Août 1717; ensemble de tous ceux dont a joui ou dû jouir, en conséquence des Lettres Patentes du feu Roi du mois de Janvier 1685, l'ancienne Compagnie de Guinée qui avoit été établie par lesdites Lettres Patentes, encore que quelques-uns desdits droits, priviléges & affranchissemens ne soient expressément déclarés par le présent Arrêt, sur lequel toutes Lettres nécessaires seront expédiées. FAIT au Conseil d'Etat du Roi, Sa Majesté y étant, tenu à Paris le vingt-septiéme jour de Septembre mil sept cent vingt. *Signé* FLEURIAU.

# LETTRES PATENTES

## SUR ARRESTS

## DU CONSEIL D'ETAT DU ROI,

## POUR LA COMPAGNIE DES INDES,

### *Des 10 Janvier 1719 & 27 Septembre 1720.*

Du premier Avril 1754.

LOUIS, PAR LA GRACE DE DIEU, ROI DE FRANCE ET DE NAVARRE, à tous ceux qui ces préſentes Lettres verront : Salut. Nos chers & bien amés les Directeurs de la Compagnie des Indes nous ont fait expoſer qu'au mois de Janvier 1719 la Compagnie d'Occident nous ayant repréſenté que pour l'avancement de ſon commerce, il lui étoit avantageux d'acquérir les Terres, Conceſſions, Priviléges, Marchandiſes, Vaiſſeaux, & généralement les effets de quelque nature qu'ils puſſent être, appartenant à la Compagnie du Sénégal, dont le principal commerce étoit la traite des Négres ; & ſur la propoſition qui en avoit été faite aux Directeurs de cette Compagnie, ils auroient cru devoir l'accepter, préférant en cela le bien public à leur intérêt particulier ; enſorte que les deux Compagnies s'étant réunies pour convenir de la maniere de faire cette vente, il en auroit été paſſé entre les Directeurs des deux Compagnies un écrit double en forme de délibération, par lequel la Compagnie du Sénégal a vendu, cédé & tranſporté à la Compagnie d'Occident le privilége excluſif du commerce du Sénégal, enſemble tous les établiſſemens, Forts, habitations, Comptoirs, effets, marchandiſes, Vaiſſeaux & autres Bâtimens de mer, même toutes dettes actives que ladite Compagnie avoit dans son commerce, tant en Sénégal qu'à saint Domingue, en France, dans les Pays étrangers & à la mer, sans en rien réserver ni excepter, moyennant le prix & somme stipulé en ladite délibération, & en outre à condition que la Compagnie d'Occident entreroit dans tous les engagemens contractés par les Directeurs de la Compagnie du Sénégal pour le commerce de ladite Compagnie, tant en France, Sénégal, saint Domingue, que dans les Pays étrangers; & pour consommer entiérement ladite vente, ils nous auroient requis de l'approuver & confirmer: sur quoi par Arrêt de notre Conseil du 10 Janvier 1719, nous aurions approuvé & autorisé ledit écrit en forme de délibération passé le 15 Décembre 1718, à condition que ladite Compagnie d'Occident seroit tenue d'envoyer chaque année dans la Colonie de saint Domingue, la quantité de Négres dont il seroit convenu, nous aurions en outre ordonné que ledit écrit en forme de délibération seroit exécuté selon sa forme & teneur; en conséquence que ladite Compagnie d'Occident jouiroit à l'avenir de toutes les concessions, droits, priviléges & établissemens accordés à ladite Compagnie du Sénégal, & ainsi que ladite Compagnie du Sénégal en auroit bien & duement joui ou dû jouir suivant les Edits, Lettres Patentes & Arrêts de notre Conseil rendus en faveur de ladite Compagnie du Sénégal, que de celles qui l'avoient précédée; que ladite Compagnie d'Occident demeureroit pareillement subrogée en tous les droits, noms, raisons & actions de la Compagnie du Sénégal, en satisfaisant par ladite Compagnie d'Occident aux clauses & conditions dudit écrit, & que pour l'exécution dudit Arrêt toutes Lettres Patentes nécessaires seroient expédiées. Au mois de Septembre 1720 nous étant fait représenter en notre Conseil nos Lettres Patentes du mois de Janvier 1716, par lesquelles nous aurions permis à tous les Négocians de notre Royaume de faire librement le commerce des Négres, de la poudre d'or & de toutes les autres marchandises qu'ils pouroient tirer des côtes d'Affrique, depuis la riviere de Serrelionne inclusivement jusqu'au Cap de Bonne-Espérance;

& étant informé qu'au lieu des avantages qu'on attendoit de cette liberté générale, il en résultoit de très-grands inconveniens; le concours des différens particuliers qui alloient commercer sur cette côte, & leur empressement à accélérer leur cargaisons pour éviter les frais du séjour, étant cause que les Naturels du pays faisoient si excessivement baisser le prix des marchandises qu'on leur portoit, & tellement suracheter les Négres, la poudre d'or & les autres marchandises qu'on y alloit chercher, que le commerce y devenoit ruineux & impraticable, nous aurions résolu d'y pourvoir en acceptant les offres de la Compagnie des Indes de faire transporter par chacun an jusqu'à trois mille Négres au moins auxdites Isles Françoises de l'Amérique, au lieu du nombre de mille Négres porté par les Lettres Patentes de 1685, s'il nous plaisoit de rétablir en faveur de ladite Compagnie des Indes le privilége exclusif pour le commerce de ladite côte de Guinée, lequel seroit d'autant plus facile à ladite Compagnie, se trouvant en situation de porter tant des Indes que du Royaume, toutes les marchandises nécessaires pour le commerce de ces côtes, & d'y faire des établissemens par le moyen desquels les Vaisseaux qu'elle y enverroit trouveroient à leur arrivée des cargaisons prêtes pour leur retour, elle pourroit non-seulement fournir aux Colonies Françoises de l'Amérique à un prix raisonnable le nombre de Négres nécessaire pour l'entretien & l'augmentation de la culture de leurs terres, mais encore faire entrer dans le Royaume une quantité considérable de poudres & matiéres d'or, & d'autres marchandises propres pour le commerce: sur quoi ayant voulu rendre nos intentions publiques, nous avons, par Arrêt de notre Conseil du 27 Septembre 1720, ordonné ce qui suit, savoir; 1°. Nous avons révoqué la liberté accordée par nos Lettres Patentes du mois de Janvier 1716 pour le commerce de Guinée, & accordé & réuni à la Compagnie des Indes le privilége à perpétuité de la traite des Négres, de la poudre d'or & autres marchandises qui se tirent des côtes d'Affrique, depuis la riviere de Serrelionne inclusivement jusqu'au Cap de Bonne-Espérance, à la charge par ladite Compagnie de faire transporter suivant ses offres par chacun an la quantité de trois mille Négres au moins aux Isles Françoises de l'Amérique. 2°. Nous avons fait très-expresses inhibitions & défenses à tous nos Sujets de faire la navigation & commerce desdits pays, soit en partant des Ports du Royaume, soit en partant des Ports étrangers, pour quelque cause & sous quelque prétexte que ce soit; comme aussi de transporter des Négres de quelques pays que ce puisse être aux Isles Françoises de l'Amérique, le tout à peine de confiscation des Vaisseaux, armes, munitions & marchandises au profit de ladite Compagnie des Indes. 3°. Nous avons ordonné que les terres que ladite Compagnie pourra occuper dans l'étendue de la présente cession, lui appartiendroient en toute propriété, pour y faire tels établissemens que bon lui sembleroit, y construire des Forts pour sa sureté, y faire transporter des armes & canons, y établir des Commandans & le nombre d'Officiers & de soldats qu'elle jugeroit nécessaire pour assurer son commerce, tant contre les étrangers que contre les Naturels du pays, à l'effet de quoi nous avons permis à ladite Compagnie des Indes de faire avec les Rois Négres tels traités qu'elle aviseroit. 4°. Nous avons ordonné que les prises, si aucunes étoient faites par ladite Compagnie, des Navires qui viendroient traiter dans les pays qu'elle auroit occupé, ou qui, au préjudice de son privilége exclusif, transporteroient des Négres aux Isles & Colonies Françoises de l'Amérique, seroient instruites & jugées en la forme portée par nos Ordonnances & Réglemens. 5°. Nous avons ordonné que ladite Compagnie jouira de l'exemption de tous droits de sortie sur les marchandises destinées pour les lieux de la susdite concession, & pour les Isles & Colonies Françoises de l'Amérique, même en cas qu'elles sortent par le Bureau d'Ingrande. 6°. Qu'à l'égard des marchandises de toutes sortes que ladite Compagnie feroit apporter pour son compte desdits pays de ladite concession, elles seroient exemptes de la moitié des droits à nous appartenans ou à nos Fermiers, mis ou à mettre aux entrées des Ports & Havres du Royaume, & nous avons fait défense à nosdits Fermiers, leurs Commis & tous autres, d'en d'en exiger davantage, à peine de concuſſion & de reſtitution du quadruple, voulant que les ſucres & autres eſpéces de marchandiſes que ladite Compagnie apporteroit des Iſles Françoiſes de l'Amérique, provenant de la vente & du troc des Négres, jouiſſent de la même exemption, en juſtifiant par un certificat du Sieur Intendant auxdites Iſles, ou d'un Commiſſaire Ordonnateur, ou du Commis du Domaine d'Occident, que leſdites marchandiſes embarquées auxdites Iſles, proviennent de la vente & du troc des Négres que leſdits Vaiſſeaux y auront chargés, leſquels certificats feront mention du nombre des Vaiſſeaux & du nombre des Négres qui auroient été débarqués auxdites Iſles, & demeureroient aux Bureaux de nos Fermes, dont les Receveurs donneroient une ampliation ſans frais aux Capitaines ou Armateurs. 7°. Nous avons pareillement fait défenſe aux Maires, Echevins, Conſuls; Jurats, Syndics & Habitans des Villes d'exiger de ladite Compagnie aucuns droits d'Octroi, de quelque nature qu'ils ſoient, ſur les denrées & marchandiſes qu'elle feroit tranſporter dans ſes Magaſins & Ports de mer, pour les charger dans ſes Vaiſſeaux, déchargeant ladite Compagnie deſdits droits, nonobſtant toutes Lettres, Arrêts & clauſes contraires. 8°. Nous avons déchargé ladite Compagnie des Indes des droits de vingt livres par chaque Négre, & de trois livres par tonneau du port des Vaiſſeaux, impoſés par l'article III. deſdites Lettres Patentes du mois de Janvier 1716, ſur les Négocians qui iroient commercer à ladite côte de Guinée, & lui avons en outre fait don de tous les Forts & Comptoirs conſtruits & établis en ladite côte pour appartenir à ladite Compagnie à perpétuité en toute propriété, au moyen de quoi nous demeurerions pour l'avenir déchargés de toute la dépenſe néceſſaire pour l'entretien tant deſdits Forts & Comptoirs que pour les payemens des garniſons & des appointemens des Directeurs, Commis & autres Employés. 9°. Nous avons ordonné que par forme de gratification il ſoit payé à ladite Compagnie ſur les revenus du Domaine d'Occident treize livres par chaque Négre qu'elle juſtifiera avoir porté dans les Iſles & Colonies de l'Améri-

que, par un certificat de l'Intendant des Isles ou des Gouverneurs en son absence; & vingt livres pour chaque marc de poudre d'or qu'elle justifiera avoir apporté dans le Royaume par des certificats des Directeurs de la Monnoye de Paris.
10°. Outre les droits, priviléges & affranchissemens ci-dessus, nous avons ordonné que ladite Compagnie jouira pour son commerce à ladite côte de Guinée, de tous ceux dont elle avoit droit de jouir pour son commerce dans la Province de la Louisianne, en conséquence des Lettres Patentes du mois d'Août 1717; ensemble de tous ceux dont avoit joui ou avoit dû jouir en conséquence des Lettres Patentes du Roi notre honoré Seigneur & Bisayeul du mois de Janvier 1685, l'ancienne Compagnie de Guinée qui avoit été établie par lesdites Lettres Patentes, encore que quelques-uns desdits droits, priviléges & affranchissemens ne fussent expressément déclarés par ledit Arrêt, sur lequel nous avons ordonné que toutes Lettres nécessaires seroient expédiées. Les Exposans & leurs prédécesseurs Directeurs de ladite Compagnie des Indes, se sont contentés jusqu'à présent de jouir des avantages portés auxdits Arrêts; mais se trouvant aujourd'hui obligés de faire enregistrer lesdits Arrêts en notre Chambre des Comptes de Paris, les Exposans nous ont très-humblement fait supplier de vouloir bien leur accorder nosdites Lettres sur lesdits deux Arrêts. A CES CAUSES, de l'avis de notre Conseil qui a vû lesdits Arrêts des 10 Janvier 1719 & 27 Septembre 1720, dont les extraits sont ci-attachés sous le contre-Scel de notre Chancellerie, nous avons, conformément à celui du 10 Janvier 1719, approuvé, confirmé & autorisé, & par ces Présentes signées de notre main, approuvons, confirmons & autorisons l'écrit en forme de délibération passé le 15 du mois de Décembre 1718 entre les Directeurs de la Compagnie d'Occident & ceux de la Compagnie du Sénégal, dont copie collationnée par le Sieur de Serival, Secrétaire de ladite Compagnie d'Occident, est demeurée annexée à la minute dudit Arrêt, à condition que la Compagnie d'Occident, aujourd'hui des Indes, sera tenue d'envoyer chaque année dans la Colonie de S. Domin-

gue la quantité de Négres dont il sera convenu. Ordonnons que ledit écrit en forme de délibération sera exécuté selon sa forme & teneur ; en conséquence que ladite Compagnie jouisse à l'avenir de toutes les concessions, droits, priviléges & établissemens accordés à la Compagnie du Sénégal, ainsi que ladite Compagnie du Sénégal en a bien & duement joui ou dû jouir suivant les Edits, Lettres Patentes & Arrêts du Conseil rendus tant en faveur de ladite Compagnie du Sénégal que de celles qui l'ont précédée, & qu'elle-même en a joui ou dû jouir : que ladite Compagnie des Indes demeurera pareillement subrogée en tous les droits, noms, raisons & actions de la Compagnie du Sénégal, en satisfaisant par elle aux clauses & conditions dudit écrit, si fait n'a été ; & par cesdites Présentes, nous avons, conformément audit Arrêt du 27 Septembre 1720, 1°. révoqué & révoquons la liberté accordée par nos Lettres Patentes du mois de Janvier 1716 pour le commerce de Guinée, & avons accordé & réuni, accordons & réunissons à la Compagnie des Indes le privilége à perpétuité de la traite des Négres, de la poudre d'or & autres marchandises qui se tirent des côtes d'Affrique, depuis la riviere de Serrelionne inclusivement jusqu'au Cap de Bonne-Espérance, à la charge par ladite Compagnie de faire transporter suivant ses offres par chacun an la quantité de trois mille Négres au moins aux Isles Françoises de l'Amérique. 2°. Faisons très-expresse inhibition & défense à tous nos Sujets de faire la navigation & commerce desdits Pays, soit en partant des Ports du Royaume, soit en partant des Ports étrangers, pour quelque cause & sous quelque prétexte que ce soit ; comme aussi de transporter des Négres de quelque pays que ce puisse être aux Isles Françoises de l'Amérique, le tout à peine de confiscation des Vaisseaux, armes, munitions & marchandises au profit de ladite Compagnie des Indes. 3°. Appartiendront à ladite Compagnie des Indes en pleine propriété les terres qu'elle pourra occuper dans l'étendue de ladite concession, pour y faire tels établissemens que bon lui semblera, y construire des Forts pour sa sûreté, y faire transporter des armes & canons, y établir des Commandans & le nombre d'Officiers & de soldats qu'elle jugera nécessaire pour assurer son commerce, tant contre les Etrangers que contre les Naturels du pays, à l'effet de quoi nous permettons à ladite Compagnie des Indes de faire avec les Rois Négres tels traités qu'elle avisera. 4°. Ordonnons que les prises, si aucunes sont faites par ladite Compagnie, des Navires qui viendront traiter dans les pays qu'elle aura occupé, ou qui, au préjudice de son privilége exclusif, transporteroient des Négres aux Isles & Colonies Françoises de l'Amérique, seront instruites & jugées en la forme portée par nos Ordonnances & Réglemens. 5°. Jouira ladite Compagnie de tous droits de sortie sur les marchandises destinées pour les lieux de la susdite concession & pour les Isles & Colonies Françoises de l'Amérique, même en cas qu'elles sortent par le Bureau d'Ingrande. 6°. A l'égard des marchandises de toutes sortes que ladite Compagnie fera apporter pour son compte des pays de ladite concession, elles seront exemptes de la moitié des droits à nous appartenans ou à nos Fermiers, mis ou à mettre aux entrées des Ports & Havres du Royaume : faisons défenses à nosdits Fermiers, leurs Commis & tous autres d'en exiger davantage, à peine de concussion & de restitution : voulons que les sucres & autres espéces de marchandises que ladite Compagnie apportera des Isles Françoises de l'Amérique, provenant de la vente & du troc des Négres, jouissent de la même exemption, en justifiant par un certificat du Sieur Intendant auxdites Isles ou d'un Commissaire Ordonnateur, ou du Commis du Domaine d'Occident, que lesdites marchandises embarquées auxdites Isles proviennent de la vente & du troc des Négres, que lesdits Vaisseaux y auront été déchargés, lesquels certificats feront mention du nombre des Vaisseaux & du nombre des Négres qui auront été débarqués auxdites Isles, & demeureront aux Bureaux de nos Fermes, dont les Receveurs donneront une ampliation sans frais aux Capitaines ou Armateurs. 7°. Faisons pareillement défenses aux Maires, Echevins, Consuls, Jurats, Syndics & Habitans des Villes, d'exiger de ladite Compagnie aucuns droits d'Octroi, de quelque nature qu'ils ſoient, ſur les denrées & marchandiſes qu'elle fera tranſporter dans ſes Magaſins & Ports de mer pour les charger dans ſes Vaiſſeaux ; déchargeons ladite Compagnie deſdits droits, nonobſtant toutes Lettres, Arrêts & choſes contraires. 8°. Déchargeons ladite Compagnie des Indes des droits de vingt livres par chaque Négre, & de trois livres par tonneau du port des Vaiſſeaux, impoſé par l'article III. deſdites Lettres patentes du mois de Janvier 1716, ſur les Négocians qui iroient commercer à ladite côte de Guinée, & lui faiſons en outre don de tous les Forts & Comptoirs conſtruits & établis en ladite côte, pour appartenir à ladite Compagnie à perpétuité en toute propriété, au moyen de quoi nous demeurerons pour l'avenir déchargé de toute la dépenſe néceſſaire pour l'entretien, tant deſdits Forts & Comptoirs que pour les payemens des garniſons & des appointemens des Directeurs, Commis & autres Employés. 9°. Voulons que par forme de gratification il ſoit payé à ladite Compagnie ſur les revenus de notre Domaine d'Occident treize livres par chaque Négre qu'elle juſtifiera avoir porté dans les Iſles & Colonies de l'Amérique par un certificat de l'Intendant des Iſles ou des Gouverneurs en ſon abſence, & vingt livres par chacun marc de poudre d'or qu'elle juſtifiera avoir apporté dans le Royaume par des certificats des Directeurs de la Monnoye de Paris. 10°. Outre les droits, priviléges & affranchiſſemens ci-deſſus, jouira ladite Compagnie pour ſon commerce à ladite côte de Guinée, de tous ceux dont elle a droit de jouir pour ſon commerce dans la Province de la Louiſianne, en conſéquence des Lettres Patentes du mois d'Août 1717, enſemble de tous ceux dont a joui ou dû jouir en conſéquence des Lettres Patentes du feu Roi notre très-honoré Seigneur & Biſayeul, du mois de Janvier 1685, l'ancienne Compagnie de Guinée qui avoit été établie par leſdites Lettres Patentes, encore que quelques-uns deſdits droits, priviléges & affranchiſſemens ne ſoient expreſſément déclarés en ces Préſentes. Si donnons en mandement à nos amés & féaux Conſeillers les Gens tenant notre Chambre des Comptes à Paris, que ces Préſentes ils ayent a enregiſtrer, & du contenu en icelles & auxdits Arrêts faire jouir & uſer leſdits Expoſans & leurs ſucceſſeurs Directeurs de ladite Compagnie des Indes, pleinement & paiſiblement, ceſſant & faiſant ceſſer tous troubles & empêchemens contraires; car tel eſt notre plaiſir, en témoin de quoi nous avons fait mettre notre Scel à ceſdites Préſentes. DONNE' à Verſailles le premier jour d'Avril l'an de grace mil ſept cent cinquante - quatre, & de notre regne le trente - neuviéme. *Signé* LOUIS. *Et plus bas*, par le Roi, ROUILLE'.

*Regiſtré en la Chambre des Comptes de Paris, ouï le Procureur Général du Roi pour être exécutées ſelon leur forme & teneur, & jouir par les Directeurs de ladite Compagnie des Indes de l'effet & contenu en icelles, ſans préjudice des droits & prétentions des Compagnies qui avoient précédemment droit de jouir des conceſſions mentionnées eſdites Lettres, le huit Avril mil ſept cent cinquante-quatre.* Signé GOUGENOT.

# ARREST
## DU CONSEIL D'ETAT
## DU ROY,

*Pour le payement de la gratification de treize livres par tête de Négre, & de vingt livres par chaque marc ou matiéres de poudre d'or que la Compagnie du Sénégal & côte d'Affrique feroit entrer en France, venant des pays de sa concession, accordée à ladite Compagnie par l'article XXIV. des Lettres Patentes de Sa Majesté du mois de Mars 1696, portant établissement de ladite Compagnie.*

Du 22 Août 1724.

---

*EXTRAIT DES REGISTRES DU CONSEIL D'ETAT.*

SUR la Requête présentée au Roi en son Conseil, par les anciens Directeurs de la Compagnie Royale du Sénégal & côte d'Affrique, établie par Lettres Patentes de Sa Majesté du mois de Mars 1696, registrées où besoin a été, contenant que par l'article XXIV. desdites Lettres Patentes, Sa Majesté avoit accordé à ladite Compagnie, par forme de gratification, la somme de treize livres par chaque tête de Négre qu'elle introduiroit aux Isles & Colonies de l'Amérique, laquelle seroit payée à ladite Compagnie par le Garde de son Trésor Royal, sur les certificats de l'Intendant desdites Isles, ou des Gouverneurs en son absence : & par l'article XXV. Sa Majesté auroit accordé pareillement à ladite Compagnie la somme de vingt livres par chaque marc de poudre ou matieres d'or qu'elle feroit entrer en France, venant des pays de sa concession, laquelle lui feroit aussi payée par le Garde de son Trésor Royal, sur la certification du Directeur général de la Monnoye de Paris : qu'en exécution de ces deux articles, Sa Majesté auroit accordé deux Ordonnances à ladite Compagnie, une du 13 Juin 1717, de la somme de trente-quatre mille trois cens soixante-quatorze livres sept sols six deniers, en considération de ce qu'elle avoit fait passer des pays de sa concession au Cap François de la côte de S. Domingue, deux mille six cens trente-cinq têtes depuis le 17 Avril 1714 jusqu'au 27 Août 1716, suivant les copies des déclarations des Capitaines de Vaisseaux sur lesquels ils ont été amenés, & des Directeurs de ladite Compagnie établis audit S. Domingue, & les certificats au bas d'icelles, du Sieur de Boismorant, Ecrivain principal de la Marine, faisant les fonctions de Commissaire du Port dudit Cap François, des 15 & 16 Novembre 1716, & de ce que ladite Compagnie avoit fait venir des pays de sa concession le 6 Octobre 1715 cinq marcs sept onces six gros de poudre d'or qui avoient été remis au Bureau de la Monnoye de Paris, suivant le certificat du Directeur de ladite Monnoye : l'autre Ordonnance en date du 10 Juin 1718, de la somme de quatorze mille neuf cens soixante-trois livres pour onze cens cinquante-une têtes de Négres que ladite Compagnie a fait passer des pays de sa concession audit Cap François, depuis le 2 Février 1717 jusqu'au 22 Février 1718, suivant cinq certificats, dont deux dudit Sieur de Boismorant, un du Sieur Mithon, Commissaire général de la Marine, Ordonnateur audit pays, & deux du Sieur Chastenoye, Major de l'Isle, Commandant audit Cap François, en date des 2 Février, 26 Mars & 30 Novembre 1717, & 22 Février 1718, tous lesquels certificats sont visés & datés dans lesdites deux Ordonnances. Mais comme ladite Compagnie ne peut les fournir

fournir auxdits Sieurs Gruyn & de Turmenyes, ayant été adirés au Bureau de la Marine où ils avoient été repréſentés; qu'il n'eſt plus poſſible d'en rapporter des duplicata, tant par la mort que par le changement des Officiers qui les ont ſignés; que d'ailleurs même il pourroit être fait difficulté à ladite Compagnie, ſous prétexte que leſdits certificats n'ont point été donnés par les Sieurs Intendans, Gouverneurs deſdites Iſles, aux termes deſdites Lettres Patentes, mais ſeulement par les principaux Officiers qui étoient lors ſur les lieux: la Compagnie eſpére que Sa Majeſté voudra bien lui ordonner le payement deſdites ſommes de trente-quatre mille trois cens ſoixante-quatorze livres ſept ſols ſix deniers d'une part, & de quatorze mille neuf cens ſoixante-trois livres d'autre, en fourniſſant ſeulement auxdits Sieurs Gruyn & de Turmenyes leſdites deux Ordonnances avec les quittances de ſon Caiſſier, viſées de deux des Directeurs d'icelle, ſans être tenus de leur fournir leſdits certificats qui ſe trouvent adirés, dont ils ſeront diſpenſés, & ce ſans tirer à conſéquence; & en interprétant l'article XXIV. deſdites Lettres Patentes, ordonner qu'en l'abſence du Sieur Intendant ou du Gouverneur deſdites Iſles, les certificats des principaux Officiers des Ports où leſdits Négres ont été ou ſeront débarqués, ſur leſquels les Ordonnances de Sa Majeſté ont été ou ſeront expédiées, ſerviront de bonne & valable décharge au Garde dudit Tréſor Royal. Vû ladite Requête, les Ordonnances de Sa Majeſté, l'une du 13 Juin 1717 de la ſomme de trente-quatre mille trois cens ſoixante-quatorze livres ſept ſols ſix deniers, l'autre du 10 Juin 1718, de quatorze mille neuf cens ſoixante-trois livres, expédiées au profit de ladite Compagnie, ſur les certificats des Officiers y dénommés: Oui le rapport du Sieur Dodun, Conſeiller ordinaire au Conſeil Royal, Contrôleur Général des Finances, Le Roi en son Conseil, voulant favorablement traiter ladite Compagnie, a ordonné & ordonne que par le Sieur Rolland-Pierre Gruyn, Garde du Tréſor Royal & commis pour parachever les exercices du feu Sieur Pierre Gruyn ſon pere, il ſera payé à ladite Compagnie, ſur la quittance de ſon

Caiſſier, la ſomme de trente-quatre mille trois cens ſoixante-quatorze livres ſept ſols ſix deniers, contenue en l'Ordonnance de Sa Majeſté du 13 Juin 1717; & par le Sieur de Turmenyes de Nointel, auſſi Garde de ſon Tréſor Royal, la ſomme de quatorze mille neuf cens ſoixante-trois livres, contenue en l'Ordonnance de Sa Majeſté du 10 Juin 1718, ſur la quittance dudit Caiſſier, leſquelles ſommes ſeront paſſées & allouées ſans difficulté dans les états & comptes deſdits Sieurs Gruyn & de Turmenyes, en vertu deſdites quittances, viſées de deux des Directeurs de ladite Compagnie ſeulement, ſans être tenus de rapporter les certificats ſur leſquels leſdites deux Ordonnances ont été expédiées, dont Sa Majeſté a diſpenſé & diſpenſe ladite Compagnie, au moyen de ce qu'ils ont été adirés, ſans néanmoins tirer à conſéquence. Ordonne en outre Sa Majeſté, en interprétant en tant que de beſoin l'article XXIV. des Lettres Patentes du mois de Mars *1696*, qu'en l'abſence des Intendans ou Gouverneurs deſdites Iſles de l'Amérique, les certificats ſignés des principaux Officiers des Ports où leſdits Négres ont été & ſeront débarqués, ſur leſquels les Ordonnances de Sa Majeſté ont été ou ſeront délivrées, ſerviront de bonnes & valables décharges aux Gardes de ſon Tréſor Royal, & la dépenſe paſſée & allouée ſans difficulté dans leurs états & comptes, en vertu deſdits certificats, dérogeant à cet égard auxdites Lettres Patentes du mois de Mars *1696*; & pour l'exécution du préſent Arrêt, ſeront toutes Lettres néceſſaires expédiées. FAIT au Conſeil d'Etat du Roi, tenu à Verſailles le vingt-deuxiéme jour d'Août mil ſept cent vingt-quatre. Collationné. *Signé* RANCHIN, avec paraphe.

Et au dos eſt écrit :

*Enregiſtré au Contrôle Général des Finances par nous Conſeiller ordinaire au Conſeil Royal, Contrôleur Général des Finances. A Fontainebleau le vingt-troiſiéme jour de Novembre mil ſept cent vingt-quatre.* Signé DODUN.

# LETTRES PATENTES
## SUR ARREST,

*Qui ordonnent que la Compagnie Royale du Sénégal ſera payée des ſommes contenues en deux Ordonnances, par les Gardes du Tréſor Royal.*

LOUIS, PAR LA GRACE DE DIEU, ROI DE FRANCE ET DE NAVARRE, à nos amés & féaux Conſeillers les Gens tenant notre Chambre des Comptes à Paris : Salut. Les anciens Directeurs de la Compagnie du Sénégal & côte d'Affrique, établie par nos Lettres Patentes du mois de Mars 1696, regiſtrées où beſoin a été, nous ont fait repréſenter que par l'article XXIV. de noſdites Lettres Patentes, nous avions accordé à ladite Compagnie, par forme de gratification, la ſomme de treize livres par chaque tête de Négres qu'elle introduiroit dans nos Iſles & Colonies de l'Amérique, laquelle ſeroit payée à ladite Compagnie par le Garde de notre Tréſor Royal, ſur les certificats de notre Intendant deſdites Iſles ou de nos Gouverneurs en ſon abſence : & par l'article XXV. nous avions pareillement accordé à ladite Compagnie la ſomme de vingt livres par chaque marc de poudre ou matiéres d'or qu'elle feroit entrer en France, venant des pays de ſa conceſſion, laquelle lui ſeroit auſſi payée par le Garde de notre Tréſor Royal, ſur la certification du Directeur général de notre Monnoye de Paris : qu'en exécution de ces deux articles nous aurions accordé deux Ordonnances à ladite Compagnie, l'une du 13 Juin 1717, de la ſomme de trente-quatre mille trois cens soixante-quatorze livres sept sols six deniers, en considération de ce qu'elle avoit fait passer des pays de sa concession au Cap François de la côte S. Domingue deux mille six cens trente-cinq têtes, depuis le 17 Avril 1714 jusqu'au 27 Août 1716, suivant les copies des déclarations des Capitaines de Vaisseaux sur lesquels ils avoient été amenés, & des Directeurs de ladite Compagnie établie audit S. Domingue, & les certificats au bas d'icelles du Sieur de Boismorant, Ecrivain principal de notre Marine, faisant les fonctions de Commissaire du Port dudit Cap François, des 15 & 16 Novembre 1716, & de ce que ladite Compagnie avoit fait venir des pays de sa concession le 6 Octobre 1715 cinq marcs sept onces six gros de poudre d'or, qui avoient été remis au Bureau de notre Monnoye de Paris, suivant le certificat du Directeur de notredite Monnoye; l'autre Ordonnance en date du 10 Juin 1718, de la somme de quatorze mille neuf cens soixante-trois livres, pour onze cens cinquante-une têtes de Négres que ladite Compagnie avoit fait passer des pays de sa concession audit Cap François, depuis le 2 Février 1717 jusqu'au 22 Février 1718, suivant cinq certificats, dont deux dudit Sieur de Boismorant, un du Sieur Mithon, Commissaire général de notre Marine, Ordonnateur audit pays, & deux du Sieur Chastenoye, Major de l'Isle, Commandant pour nous audit Cap François, en date des 2 Février, 26 Mars & 30 Novembre 1717, & 22 Février 1718, tous lesquels certificats étoient visés & datés dans nosdites deux Ordonnances. Mais comme ladite Compagnie ne pouvoit les fournir aux Sieurs Gruyn & de Turmenyes, Gardes de notre Trésor Royal, ayant été adirés au Bureau de notre Marine où ils avoient été représentés; qu'il n'étoit plus possible d'en rapporter des duplicata, tant par la mort que par le changement des Officiers qui les ont signés; que d'ailleurs même il pourroit être fait difficulté à ladite Compagnie, sous prétexte que lesdits certificats n'avoient point été donnés par nos Sieurs Intendans & Gouverneurs de nosdites Isles, aux termes de nosdites Lettres Patentes, mais seulement par nos principaux Officiers qui étoient lors sur les lieux; ladite Compagnie espéroit que nous voudrions bien lui ordonner le payement desdites sommes de trente-quatre mille trois cens soixante-quatorze livres sept sols six deniers d'une part, & de quatorze mille neuf cens soixante-trois livres d'autre, en fournissant seulement auxdits Sieurs Gruyn & de Turmenyes nosdites deux Ordonnances avec les quittances de son Caissier, visées de deux des Directeurs d'icelle, sans être tenus de leur fournir lesdits certificats qui se trouvoient adirés & dont ils seroient dispensés, & ce sans tirer à conséquence: & en interprétant l'article XXIV. desdites Lettres Patentes, ordonner qu'en l'absence de notre Intendant ou de notre Gouverneur desdites Isles, les certificats de nos principaux Officiers des Ports où lesdits Négres ont été ou seroient débarqués, sur lesquels nos Ordonnances ont été ou seroient expédiées, serviroient de bonnes & valables décharges auxdits Gardes de notre Trésor Royal: sur quoi nous aurions par Arrêt de notre Conseil du 22 Août dernier pourvu favorablement aux Exposans, & ordonné que pour l'exécution d'icelui toutes Lettres nécessaires seroient expédiées, lesquelles lesdits Exposans nous ont très-humblement fait supplier leur vouloir accorder. A CES CAUSES, de l'avis de notre Conseil qui a vû l'Arrêt rendu en icelui ledit jour 22 Août dernier, dont extrait est ci-attaché sous le contre-Scel de notre Chancellerie, nous avons par ces Présentes signées de notre main, conformément audit Arrêt, ordonné & ordonnons que par le Sieur Rolland-Pierre Gruyn, Garde de notre Trésor Royal, & commis pour parachever les exercices du feu Sieur Pierre Gruyn son pere, il sera payé à ladite Compagnie, sur la quittance de son Caissier, la somme de trente-quatre mille trois cens soixante-quatorze livres sept sols six deniers, contenue en notre Ordonnance du 13 Juin 1717; & par le Sieur de Turmenyes de Nointel, aussi Garde de notre Trésor Royal, la somme de quatorze mille neuf cens soixante-trois livres, contenue en notre Ordonnance du 10 Juin 1718, sur la quittance dudit Caissier, lesquelles sommes seront passées & allouées sans difficulté dans les états & comptes desdits Sieurs Gruyn &

de Turmenyes, en vertu desdites quittances, visées de deux des Directeurs de ladite Compagnie seulement, sans être tenus de rapporter les certificats sur lesquels nosdites deux Ordonnances ont été expédiées, dont nous l'avons dispensé & dispensons au moyen de ce qu'ils ont été adirés, sans néanmoins tirer à conséquence. Ordonnons en outre, en interprétant en tant que de besoin l'article XXIV. de nos Lettres Patentes du mois de Mars *1696*, qu'en l'absence de notre Intendant ou Gouverneur de nosdites Isles de l'Amérique, les certificats signés de nos principaux Officiers des Ports où lesdits Négres ont été & seront débarqués, sur lesquels nos Ordonnances ont été ou seront délivrées, serviront de bonnes & valables décharges aux Gardes de notre Trésor Royal, & la dépense passée & allouée sans difficulté dans leurs états & comptes, en vertu desdits certificats, dérogeant à cet égard auxdites Lettres Patentes du mois de Mars *1696*. Si vous mandons que ces Présentes vous ayez à faire registrer, & du contenu en icelles jouir & user lesdits Exposans pleinement & paisiblement, nonobstant tous Edits, Déclarations, Arrêts, Réglemens, rigueur de comptes, & toutes autres choses à ce contraires, auxquelles nous avons dérogé & dérogeons par cesdites Présentes; car tel est notre plaisir. DONNE' à Versailles le deuxiéme jour de Décembre l'an de grace mil sept cent vingt-quatre, & de notre regne le dixiéme. *Signé* LOUIS. *Et plus bas*, par le Roi, *Signé* PHELIPEAUX, avec grille & paraphe. Et scellé.

*Registrées en la Chambre des Comptes, ouï le Procureur Général du Roi, pour jouir par les Impetrans de l'effet & contenu en icelles, le dix-septiéme Mars mil sept cent vingt-cinq.* Signé BEAUPIED, avec paraphe.

# ARREST

*Qui ordonne que la Compagnie des Indes sera, sur la quittance de son Caissier, payée par M. Paris de Montmartel de la gratification de 13 livres par têtes de Négres qu'elle a fait passer aux Isles de l'Amérique pendant les années 1738, 1739 & 1740.*

Du premier Juin 1743.

---

*EXTRAIT DES REGISTRES DU CONSEIL D'ETAT.*

SUR la Requête présentée au Roi, Sa Majesté étant en son Conseil, par les Directeurs de la Compagnie des Indes, contenant qu'au moyen de la réunion qui a été faite à perpétuité à ladite Compagnie par Arrêt du Conseil du vingt-sept Septembre mil sept cent vingt du privilége exclusif pour le Commerce de la côte de Guinée, il lui est dû conformément à la Déclaration du mois de Janvier mil six cent quatre-vingt-cinq, portant établissement d'une Compagnie de Guinée, & aux Lettres Patentes du mois de Mars mil six cent quatre-vingt-seize, portant établissement d'une nouvelle Compagnie du Sénégal, Cap-Verd, & côtes d'Afrique, une gratification de treize livres pour chaque tête de Négre qu'elle fait passer de Guinée dans les Colonies Françoises de l'Amérique, dont le payement lui doit être fait en vertu desdites Lettres Patentes du mois de Mars mil six cent quatre-vingt-feize, par le Garde du Tréfor Royal fur les certificats de l'introduction des Négres auxdites Colonies fignés de l'Intendant des Ifles, ou des Gouverneurs en fon abfence. Que depuis l'établiffement de ladite Compagnie des Indes, ayant rapporté dans la forme requife les certificats néceffaires pour toucher cette gratification, elle en a auffi été exactement payée; mais que aucuns Capitaines de fes Vaiffeaux ou de Vaiffeaux marchands, qui en vertu des permiffions defdits fieurs Directeurs ont porté des Négres d'Affrique dans les Colonies Françoifes pendant les années 1738, 1739 & 1740, ayant négligé de faire vérifier par les Intendans ou Gouverneurs defdites Ifles & Colonies Françoifes, le nombre de Négres qui y ont été par eux débarqués, & s'étant contentés de leur en produire des certificats fignés d'Officiers ou Prépofés dont le caractère ne peut, rélativement auxdites Lettres Patentes, fuffifamment autentiquer l'introduction par eux faite, & donner lieu au payement de la gratification qui en revient à ladite Compagnie, ils ne pourroient de long-temps toucher la plus confidérable partie d'une fomme de cent trente-fix mille neuf cens quarante-deux livres, ordonnée au profit de ladite Compagnie fur le Sieur Paris de Montmartel, Garde du Tréfor Royal; & ce fond leur étant néceffaire pour le foutien des différens commerces de ladite Compagnie, requéroient qu'il plût à Sa Majefté fur ce leur pourvoir. Vû ladite Requête, ladite Déclaration du mois de Janvier 1685, lefdites Lettres Patentes du mois de Mars 1696, & ledit Arrêt du Confeil du 27 Septembre 1720: vû auffi un certificat figné Samfon, Ecrivain principal de la Marine au Cap, & Subdelégué du Sieur Intendant de faint Domingue, en date du 31 Mai 1738, juftificatif de l'introduction faite par Pierre le Roi, Capitaine du Navire le Salomon de Nantes, de trois cens cinquante-huit têtes de Négres, Négreffes, Négrillons ou Négrites; copie certifiée par le Sieur Maillart, Intendant des Ifles, d'un certificat figné Bizoton, Ecrivain principal & faifant fonction de Commiffaire à faint Marc, du 16 Août audit an 1738, pour trois cens quatre-vingt-dix-huit têtes par le Sieur de de Ktanguy Royon, commandant le Navire la Comteſſe de l'Orient ; autre certificat dudit Sieur Samſon du 17 Mars 1739, pour deux cens vingt-quatre têtes par le Sieur Seignette Dujardin, Capitaine du Navire la Victoire de la Rochelle ; autre dudit du 3 Septembre 1739, pour deux cens ſoixante-cinq têtes par le Sieur Meſnard, Capitaine du Navire le Benjamin de la Rochelle ; autre dudit Sieur Bizoton du 22 Avril 1739, pour quatre cens dix-ſept têtes par Pierre Teiſſier, Capitaine du Navire le Jaſon de la Rochelle ; autre dudit Sieur Samſon du 13 Mai 1739, pour cinq cens dix-neuf têtes par le Sieur Ouëry, Capitaine du Navire le Charlemagne de Nantes ; autre du Sieur la Salle, Ecrivain principal au Fort Dauphin, du 6 Juin 1739, pour deux cens quatre-vingt-quatorze têtes, par le Sieur Boccandé, Capitaine du Navire la jeune Flore de Nantes ; procès-verbal de viſite faite par les Officiers de l'Amirauté, tant au Port de Paix les 10 & 30 Juin 1739, ſigné Tauxier Greffier, qu'à Leogane le 8 Juillet ſuivant, ſigné de Boileau Gréffier, du Navire la Diane de la Rochelle, juſtificatifs de l'introduction de cent ſoixante-ſeize têtes par Elie-Nicolas Raſtau, Capitaine dudit Navire ; certificat ſigné Regnaud, Garde des Magaſins du Roi, faiſant fonction d'Ecrivain principal audit Port de Paix, du 18 Juillet 1739, pour cent quatre-vingt-quatre têtes, par Charles le Vaſſeur, Capitaine du Navire la Minerve de la Rochelle ; procès-verbal de viſite faite à Leogane par les Officiers de l'Amirauté le 21 Juillet 1739, ſigné dudit de Boileau, du Navire le Cheval Marin de Nantes, juſtificatif de l'introduction de cent trente-cinq têtes par Pierre Dennebug, Capitaine dudit Navire ; certificat dudit Samſon du 18 Octobre 1739, pour trois cens trente-cinq têtes, par le Sieur du Coudray, Capitaine du Navire le jeune Chriſtophe de Nantes ; autre dudit jour pour trois cens vingt-ſix têtes, par le Sieur Fouquet, Capitaine du Navire l'Aimable de Nantes ; autre du Sieur Baucheron, Greffier de l'Amirauté au Fort de la Grenade, du 6 Novembre 1739, viſé par le Sieur de Pradines Olivier, & de Meſmet de Chantelou, pour deux cens cinquante têtes, par le

Sieur Cappe, Capitaine du Navire la Paix de Bordeaux; autre dudit Sieur Samſon du 4 Décembre 1739, pour deux cens huit têtes, par le Sieur Bonnand, Capitaine du Navire la Louiſe Eſther de la Rochelle; autre du Sieur de Maleval, Garde des Magaſins du Roi à ſaint Louis du 12 Décembre 1739, pour cinq cens trente-ſix têtes, par le Sieur de la Chaiſe, Capitaine du Vaiſſeau de la Compagnie la Flore de l'Orient; autre dudit Sieur la Salle du 29 Décembre 1739, pour deux cens ſoixante-ſix têtes par le Sieur Montigny, Capitaine du Navire la ſainte Thereſe de Nantes; autre dudit Sieur Samſon du 31 Décembre 1738, ainſi daté par erreur, devant être du 31 Décembre 1739, pour deux cens ſoixante-douze têtes, par le Sieur Sarrebource, Capitaine du Navire la Sageſſe de Nantes; autre du Sieur Maleval du 20 Février 1740, étant enſuite d'un procès-verbal de viſite faite, ſigné Deſinois Greffier, le 7 Janvier précédent par les Officiers de l'Amirauté de ſaint Louis, du Navire l'heureuſe Paix de Bordeaux, juſtificatifs de l'introduction de trois cens trente-ſept têtes par Pierre Robert, Capitaine dudit Navire; autre dudit Sieur de Maleval dudit jour 20 Février 1740, étant enſuite d'un pareil procès-verbal du 12 Janvier précédent, pour quatre-vingt-ſept têtes, par Louis Bentier, Capitaine du Navire la Société de Nantes; certificat dudit Sieur Samſon du 11 Janvier 1740, pour trois cens quarante-cinq têtes, par Pierre Burgevin, Capitaine du Navire les deux Renées de Nantes; autre dudit, du 16 dudit mois de Janvier, pour cent quatre-vingt-treize têtes par Jacques Shagneſſy, Capitaine du Navire le Neptune de Nantes; autre dudit, du 16 Février 1740, pour cent dix-neuf têtes, par Pierre Meinard, Capitaine du Navire l'Union de Bordeaux; autre dudit du 8 Mars 1740, pour trois cens vingt-ſix têtes, par Nicolas la Villemaraix, Capitaine du Navire l'Affriquain de la Rochelle; autre dudit Sieur Bizoton du 16 Mars 1740, pour cent cinquante têtes, par Jacques Grenon, Capitaine du Navire la Chriſolitte de la Rochelle; autre dudit jour pour deux cens huit têtes, par Etienne Hevraud, Capitaine du Navire le Beril de la Rochelle; autre dudit Sieur Samſon du 13 Avril 1740, pour deux cens cinquante-neuf têtes, par le Sieur Bourand, Capitaine du Navire l'Affriquain de Nantes; autre dudit jour, pour deux cens ſept têtes, par Pierre Lyncoll, Capitaine du Navire le Favori de Nantes; autre dudit Sieur Samſon du 20 Avril 1740, pour deux cens trente-ſix têtes, par Olivier Bertrand, Capitaine du Navire la Junon de Nantes; & un autre dudit Sieur Samſon dudit jour, pour cent quatre-vingt-douze têtes, par Martin Lizerague, Capitaine du Navire le Diamant de Nantes. Et Sa Majeſté voulant faire payer à ladite Compagnie des Indes la gratification réſultante deſdits certificats, encore bien qu'iceux ne ſoient vérifiés, conformément auxdites Déclarations & Lettres Patentes: ouï le rapport du Sieur Orry, Conſeiller d'Etat ordinaire, & au Conſeil Royal, Contrôleur Général des Finances, SA MAJESTE' ETANT EN SON CONSEIL, a ordonné & ordonne par grace pour cette fois ſeulement, & ſans tirer à conſéquence pour l'avenir, que nonobſtant ce qui a été ordonné par ladite Déclaration du mois de Janvier 1685 & par leſdites Lettres Patentes du mois de Mars 1696, leſdits Sieurs Directeurs de la Compagnie des Indes ſeront, ſur la quittance du Caiſſier de ladite Compagnie, payés par le Sieur Paris de Montmartel, Garde du Tréſor Royal, de la gratification dûe à ladite Compagnie de treize livres par tête de Négres qui ont été portés des côtes d'Affrique dans les Iſles & Colonies Françoiſes de l'Amérique, pendant les années 1738, 1739 & 1740, ſuivant les certificats ci-devant énoncés, que Sa Majeſté a pour ce validé & valide, encore bien que conformément auxdites Déclarations & Lettres Patentes, ils n'ayent été ſignés ou vérifiés par le Sieur Intendant ou par le Sieur Gouverneur des Iſles & Colonies où ces Négres ont été débarqués. Veut Sa Majeſté qu'en rapportant par ledit Garde de ſon Tréſor Royal avec le préſent Arrêt leſdits certificats, le payement qu'il aura fait en conſéquence ſoit paſſé & alloué ſans difficulté en la dépenſe de ſes états & comptes, Sa Majeſté dérogeant pour ce regard & pour cette fois ſeulement, à ladite Déclaration & auxdites Lettres Patentes, qui feront au furplus & hors le cas fusdit exécutés fuivant leur forme & teneur ; & pour l'exécution du préfent Arrêt, feront toutes Lettres néceffaires expédiées. FAIT au Confeil d'Etat du Roi, Sa Majefté y étant, tenu à Verfailles le premier jour de Juin mil fept cent quarante trois.

*Signé* PHELYPEAUX.

# LETTRES SUR ARREST
## POUR LES DIRECTEURS
## *DE LA COMPAGNIE DES INDES.*

Du 5 Juillet 1743.

LOUIS PAR LA GRACE DE DIEU, ROI DE FRANCE ET DE NAVARRE : A nos amés & féaux Confeillers les Gens tenant notre Chambre des Comptes à Paris ; SALUT. Nos chers & bien amés les Directeurs de la Compagnie des Indes nous ont fait repréfenter qu'au moyen de la réunion qui a été faite à perpétuité de ladite Compagnie par Arrêt de notre Confeil du 27 Septembre 1720, du privilége exclufif pour le commerce de la côte de Guinée, il lui eft dû, conformément à la Déclaration du mois de Janvier 1685, portant établiffement d'une Compagnie de Guinée, & aux Lettres Patentes du mois de Mars 1696, portant établiffement d'une nouvelle Compagnie du Sénégal, Cap Verd & côte d'Affrique, une gratification de treize livres pour chaque tête de Négres qu'elle fait paffer de Guinée dans les Colonies Françoifes de l'Amérique, dont le payement lui doit être fait en vertu defdites Lettres Patentes du mois de Mars 1696, par le Garde de notre Tréfor Royal, fur les certificats de l'introduction des Négres auxdites Colonies, fignés de l'Intendant des Ifles ou des Gouverneurs en fon abfence : que depuis l'établiffement de ladite Compagnie des Indes, ayant rapporté dans la forme requise les certificats nécessaires pour toucher cette gratification, elle en avoit aussi été exactement payée; mais que aucuns Capitaines de ses Vaisseaux ou de Vaisseaux marchands qui, en vertu des permissions desdits Sieurs Directeurs, ont porté des Négres d'Affrique dans les Colonies Françoises, pendant les années 1738, 1739 & 1740, ayant négligé de faire vérifier par les Intendans ou Gouverneurs desdites Isles & Colonies Françoises, le nombre de Négres qui y ont été par eux débarqués, & s'étant contentés de leur en produire des certificats signés d'Officiers ou Préposés dont le caractère ne peut, rélativement auxdites Lettres Patentes, suffisamment autentiquer l'introduction par eux faite, & donner lieu au payement de la gratification qui en revient à ladite Compagnie, ils ne pourroient de long-temps toucher la plus considérable partie d'une somme de cent trente-six mille neuf cens quarante-deux livres, ordonnée au profit de ladite Compagnie sur le Sieur Paris de Montmartel, Garde de notre Trésor Royal; & ce fond leur étant nécessaire pour le soutien des différens commerces de ladite Compagnie, requéroient qu'il nous plût sur ce leur pourvoir. Vû ladite Requête, ladite Déclaration du mois de Janvier 1685, lesdites Lettres Patentes du mois de Mars 1696 & ledit Arrêt de notre Conseil du 27 Septembre 1720: vû aussi un certificat signé Samson, Ecrivain principal de la Marine au Cap, & Subdelégué du Sieur Intendant de saint Domingue, en date du 31 Mai 1738, justificatif de l'introduction faite par Pierre le Roi, Capitaine du Navire le Salomon de Nantes, de trois cens cinquante-huit têtes de Négres, Négresses, Négrillons ou Négrites; une copie certifiée par le Sieur Maillart, Intendant des Isles, d'un certificat signé Bizoton, Ecrivain principal & faisant fonction de Commissaire à saint Marc, du 16 Août audit an 1738, pour trois cens quatre-vingt-dix-huit têtes par le Sieur de Ktanguy Royon, commandant le Navire la Comtesse de l'Orient; autre certificat dudit Sieur Samson du 17 Mars 1739, pour deux cens vingt-quatre têtes par le Sieur Seignette Dujardin, Capitaine du Navire la Victoire de la Rochelle; autre dudit, du 3 Septembre 1739, pour deux cens soixante-cinq têtes par le Sieur Mesnard, Capitaine du Navire le Benjamin de la Rochelle; autre dudit Sieur Bizoton du 22 Avril 1739, pour quatre cens dix-sept têtes par Pierre Teissier, Capitaine du Navire le Jason de la Rochelle; autre dudit Sieur Samson du 13 Mai 1739, pour cinq cens dix-neuf têtes par le Sieur Ouëry, Capitaine du Navire le Charlemagne de Nantes; autre du Sieur la Salle Ecrivain principal au Fort Dauphin, du 6 Juin 1739, pour deux cens quatre-vingt-quatorze têtes par le Sieur Boccandé, Capitaine du Navire la jeune Flore de Nantes; le procès-verbal de la visite faite par les Officiers de l'Amirauté, tant au Port de Paix les 10 & 30 Juin 1739, signé Tauxier Greffier, qu'à Leogane le 8 Juillet suivant, signé de Boileau Greffier, du Navire la Diane de la Rochelle, justificatif de l'introduction de cent soixante-seize têtes par Elie-Nicolas Rasteau, Capitaine dudit Navire; un certificat signé Regnaud, Garde de nos Magasins, faisant fonction d'Ecrivain principal audit Port de Paix du 18 Juillet 1739, pour cent quatre-vingt-quatre têtes par Charles le Vasseur, Capitaine du Navire la Minerve de la Rochelle; le procès-verbal de visite faite à Leogane par les Officiers de l'Amirauté le 21 Juillet 1739, signé dudit de Boileau, du Navire le Cheval Marin de Nantes, justificatif de l'introduction de cent trente-cinq têtes, par Pierre Dennebug, Capitaine dudit Navire; un certificat dudit Samson du 18 Octobre 1739, pour trois cens trente-cinq têtes, par le Sieur du Coudray, Capitaine du Navire le jeune Christophe de Nantes; autre dudit jour pour trois cens vingt-six têtes, par le Sieur Fouquet, Capitaine du Navire l'Aimable de Nantes; autre du Sieur Baucheron, Greffier de l'Amirauté au Fort de la Grenade, du 6 Novembre 1739, visé par le Sieur de Pradines Olivier & de Mesmet de Chantelou, pour deux cens cinquante têtes par le Sieur Cappe, Capitaine du Navire la Paix de Bordeaux; autre dudit Sieur Samson du 4 Décembre 1739, pour deux cens huit têtes, par le Sieur Bonnand,

Capitaine du Navire la Louiſe Eſther de la Rochelle ; autre du Sieur Maleval , Garde Magaſin à ſaint Louis , du 12 Décembre 1739 , pour cinq cens trente-ſix têtes , par le Sieur de la Chaiſe , Capitaine du Vaiſſeau de la Compagnie la Flore de l'Orient ; autre dudit Sieur la Salle du 29 Décembre 1739 , pour deux cens ſoixante-ſix têtes , par le Sieur Montigny ; Capitaine du Navire la ſainte Thereſe de Nantes ; autre dudit Sieur Samſon du 31 Décembre 1738 , ainſi daté par erreur , devant être du 31 Décembre 1739 , pour deux cens ſoixante-douze têtes , par le Sieur Sarrebource , Capitaine du Navire la Sageſſe de Nantes ; autre du Sieur Maleval du 20 Février 1740 , étant enſuite d'un procès-verbal de viſite faite , ſigné Deſmois Greffier , le 7 Janvier précédent par les Officiers de l'Amirauté de ſaint Louis , du Navire l'heureuſe Paix de Bordeaux , juſtificatifs de l'introduction de trois cens trente-ſept têtes par Pierre Robert , Capitaine dudit Navire ; autre dudit Sieur Maleval dudit jour 20 Février 1740 , étant enſuite d'un pareil procès-verbal du 12 Janvier précédent pour quatre-vingt-ſept têtes , par Louis Beutier , Capitaine du Navire la Société de Nantes ; un certificat dudit Sieur Samſon du 11 Janvier 1740 , pour trois cens quarante-cinq têtes , par Pierre Burgevin , Capitaine du Navire les deux Renées de Nantes ; autre dudit du 16 dudit mois de Janvier pour cent quatre-vingt-treize têtes , par Jacques Shagneſſy , Capitaine du Navire le Neptune de Nantes ; autre dudit du 16 Février 1740 , pour cent dix-neuf têtes , par Pierre Meſnard , Capitaine du Navire l'Union de Bordeaux ; autre dudit du 8 Mars 1740 , pour trois cens vingt-ſix têtes , par Nicolas la Villemaraix , Capitaine du Navire l'Affriquain de la Rochelle ; autre dudit Sieur Bizoton du 16 Mars 1740 , pour cent cinquante têtes par Jacques Grevon , Capitaine du Navire la Chriſolitte de la Rochelle ; autre dudit , dudit jour pour deux cens huit têtes , par Etienne Hevraud , Capitaine du Navire le Beril de la Rochelle ; autre dudit Sieur Samſon du 13 Avril 1740 , pour deux cens cinquante-neuf têtes par le Sieur Bourand , Capitaine du Navire l'Affriquain de Nantes ; autre dudit ,

dudit jour pour deux cens ſept têtes, par Pierre Lyncoll, Capitaine du Navire le Favori de Nantes ; autre dudit Sieur Samſon du 20 Avril 1740, pour deux cens trente-ſix têtes, par Olivier Bertrand, Capitaine du Navire la Junon de Nantes ; & un autre dudit Sieur Samſon dudit jour, pour cent quatre-vingt-douze têtes par Martin Lizeragüe, Capitaine du Navire le Diamant de Nantes : & voulant faire payer à ladite Compagnie des Indes la gratification réſultante deſdits certificats, encore bien qu'ils ne ſoient vérifiés, conformément auxdites Déclarations & Lettres Patentes, nous avons par Arrêt de notre Conſeil d'Etat, nous y étant, du premier Juin dernier, ordonné par grace, pour cette fois ſeulement & ſans tirer à conſéquence pour l'avenir, que nonobſtant ce qui a été ordonné par ladite Déclaration du mois de Janvier 1685, & par leſdites Lettres Patentes du mois de Mars 1696, leſdits Sieurs Directeurs de la Compagnie des Indes ſeront, ſur la quittance du Caiſſier de ladite Compagnie, payés par le Sieur Paris de Montmartel, Garde de notre Tréſor Royal, de la gratification due à ladite Compagnie de treize livres par tête de Négres qui ont été portés des côtes d'Affrique dans les Iſles & Colonies Françoiſes de l'Amérique pendant les années 1738, 1739 & 1740, ſuivant les certificats ci-devant énoncés ; & ordonné que pour l'exécution dudit Arrêt toutes Lettres néceſſaires ſeroient expédiées, leſquelles leſdits Sieurs Expoſans nous ont très-humblement fait ſupplier de leur accorder. A CES CAUSES, de l'avis de notre Conſeil, qui a vû ledit Arrêt du premier Juin dernier, dont extrait eſt ci-attaché ſous le contre-ſcel de notre Chancellerie, nous avons, conformément à icelui, ordonné, & par ces Préſentes, ſignées de notre main, ordonnons que nonobſtant ce qui a été ordonné par ladite Déclaration du mois de Janvier 1685, & par leſdites Lettres Patentes du mois de Mars 1696, leſdits Sieurs Directeurs de la Compagnie des Indes ſeront, ſur la quittance du Caiſſier de ladite Compagnie, payés par le ſieur Paris de Montmartel, Garde de notre Tréſor Royal, de la gratification dûe à ladite Compagnie de treize livres par tête de de Négres qui ont été portés des côtes d'Affrique dans les Isles & Colonies Françoises de l'Amérique pendant les années 1738, 1739 & 1740, suivant les certificats ci-devant énoncés, que nous avons pour ce validé & validons, encore bien que conformément auxdites Déclarations & Lettres Patentes, ils n'ayent été signés ou vérifiés par le Sieur Intendant ou par le Sieur Gouverneur des Isles & Colonies où ces Négres ont été débarqués. Voulons qu'en rapportant par le dit Garde de notre Trésor Royal avec ces Présentes lesdits certificats, le payement qu'il aura fait en conséquence soit passé & alloué sans difficulté en la dépense de ses états & comptes, dérogeant pour ce regard & pour cette fois seulement, à ladite Déclaration & auxdites Lettres Patentes, qui seront au surplus & hors le cas susdit exécutées selon leur forme & teneur. Si vous mandons que cesdites Présentes vous ayez à faire registrer, & de leur contenu jouir & user lesdits Sieurs Exposans pleinement & paisiblement, cessant & faisant cesser tous troubles & empêchemens, & nonobstant toutes choses contraires; car tel est notre plaisir. DONNE' à Versailles le cinquiéme jour de Juillet l'an de grace mil sept cent quarante-trois, & de notre regne le vingt-huitiéme. *Signé* LOUIS. *Et plus bas*, par le Roi, PHELIPEAUX.

*Registrées en la Chambre des Comptes, en conséquence des Lettres de relief de surannation, registrées cejourd'hui; ouï le Procureur Géneral du Roi pour être exécutées selon leur forme & teneur, & jouir par les Directeurs de la Compagnie des Indes de l'effet & contenu en icelles, aux charges, clauses & conditions portées en l'Arrêt sur ce fait, le huit Avril mil sept cent cinquante-quatre.* Signé GOUGENOT.

# ARREST
## DU CONSEIL D'ETAT
## DU ROY,

*Qui ordonne le payement de la gratification de treize livres par tête de Noirs introduits aux Isles Françoises de l'Amérique.*

Du 31 Juillet 1744.

*EXTRAIT DES REGISTRES DU CONSEIL D'ETAT.*

SUR ce qui a été représenté au Roi étant en son Conseil, par les Directeurs de la Compagnie des Indes, que par les Lettres Patentes du mois de Janvier 1716 les Négocians qui avoient alors la liberté de faire le commerce de la côte de Guinée, furent assujettis à payer à Sa Majesté la somme de vingt livres par chaque tête de Noirs qu'ils introduiroient dans les Colonies Françoises de l'Amérique; mais Sa Majesté ayant concédé & réuni à perpétuité à la Compagnie des Indes le privilége exclusif de ce commerce, par Arrêt du 27 Septembre 1720, Sa Majesté auroit, article VIII. remis ledit droit de vingt livres à la Compagnie des Indes, au moyen de ce qu'elle seroit tenue, à la décharge de Sa Majesté, de l'entretien des Forts & Comptoirs, & des garnisons & appointemens des Commis sur ladite côte. Par le même Arrêt Sa Majesté a ordonné, article IX. conformément à la Déclaration du mois de Janvier 1685 & aux Lettres Patentes du mois de Mars 1696, que la Compagnie des Indes seroit payée par le Garde du Trésor Royal de la gratification de treize livres par chaque Négre qu'elle justifieroit avoir porté dans les Isles & Colonies de l'Amérique, par un certificat de l'Intendant desdites Isles ou du Gouverneur en son absence. En vertu de cet Arrêt la Compagnie des Indes a fait seule ce commerce jusqu'en 1725, que les Négocians des Villes maritimes du Royaume ayant desiré d'y participer, elle s'est déterminée à accorder singuliérement à certains Armateurs des permissions de commercer sur cette côte de Guinée, à la charge néanmoins de lui payer le droit de vingt livres par tête de Noirs qu'ils introduiroient dans les Colonies de l'Amérique, pour l'indemniser des dépenses dont Sa Majesté l'avoit chargée par l'Arrêt du 27 Septembre 1720, en lui remettant ledit droit. La Compagnie des Indes a depuis modéré à dix livres ce droit de vingt livres, & elle a bien voulu, sur les instances des Armateurs, donner effet à cette réduction, même pour le passé, par sa délibération du 3 Juillet 1726; mais pour jouir de la gratification de treize livres par tête de Noirs que Sa Majesté lui a accordée, la Compagnie étant obligée de rapporter des certificats du nombre des Noirs introduits dans les Colonies de l'Amérique, lesquels certificats doivent être signés de l'Intendant ou du Gouverneur des Isles en son absence, elle exige des Armateurs à qui elle permet ce commerce, des soumissions de rapporter dans un delai fixé ces certificats en la forme prescrite, afin de constater le nombre des Noirs introduits, & mettre la Compagnie en état de se faire payer, d'un côté par les Armateurs du droit réduit à dix livres, & de l'autre par Sa Majesté de la gratification de treize livres. Cependant les Armateurs ayant rapporté à la Compagnie des certificats du nombre des Négres introduits en 1738, 1739 & 1740, signés seulement des Officiers des lieux du débarquement, sans l'être par les Intendans ni par les Gouverneurs, Sa Majesté a bien voulu par Arrêt de son Conseil du premier Juin 1743, ordonner le payement de ladite gratification, & valider les certificats énoncés audit Arrêt: mais les Directeurs de la Compagnie des Indes ne peuvent se dispenser de remontrer très-humblement à Sa Majesté que souvent il n'est pas au pouvoir des Capitaines & des Armateurs de faire signer les certificats du nombre des Noirs introduits, par les Intendans ou Gouverneurs, à cause de l'absence & de l'éloignement de ces principaux Officiers du lieu où ces Négres arrivent; ensorte qu'il faudroit ou que ces Intendans & Gouverneurs vinssent exprès à chaque introduction de Négres pour la vérifier, ce qui n'est pas praticable, ou qu'on envoyât dans certaines Isles, souvent à plus de cent lieues du Port, pour leur faire viser les certificats des Officiers qui les représentent dans le Port, ce qui dans l'un ou l'autre cas retarderoit toujours le retour des Navires, & causeroit un grand préjudice aux Armateurs, qui de-là se dégoûteroient infailliblement d'un commerce qu'il est du bien de l'Etat de faciliter. La Compagnie des Indes a actuellement plusieurs certificats qui lui ont été remis par les Armateurs, & qui ne sont signés que des Officiers qui représentent les Intendans ou Gouverneurs dans les Ports où les Négres ont été introduits; & elle n'a pû éviter par les raisons qu'on vient d'expliquer, d'accepter ces certificats, pour fixer en conséquence la quotité des droits de dix livres qu'elle s'est reservée pour chaque tête de Négres portés dans lesdites Colonies: cependant ces certificats deviendroient inutiles à la Compagnie, & elle se verroit privée de la gratification de treize livres que Sa Majesté lui a accordée, si Sa Majesté n'avoit la bonté non-seulement de valider ces certificats pour le passé, mais même d'autoriser ceux qui seront donnés à l'avenir par les Officiers représentant les Intendans & Gouverneurs dans les lieux de l'introduction des Négres: requérant les Directeurs de la Compagnie des Indes, qu'il plût à Sa Majesté sur ce leur pourvoir. A quoi Sa Majesté ayant égard, & voulant protéger de plus en plus le transport des Négres dans les Colonies des Isles de l'Amérique; ouï le rapport du sieur Orry, Conseiller d'Etat ordinaire, & au Conseil Royal, Contrôleur général des Finances, SA MAJESTE' ETANT EN SON CONSEIL, a ordonné & ordonne que nonobstant ce qui a été ordonné par la Déclaration du mois de Janvier 1685 & par les Lettres Patentes du mois de Mars 1696, les Directeurs de la Compagnie des Indes seront, sur la quittance du Caissier de ladite Compagnie, payés par le Garde du Trésor Royal, de la gratification dûe à ladite Compagnie de treize livres par tête de Négres qui ont été & seront portés par les Armateurs à qui elle en a donné la permission, des côtes d'Affrique dans les Isles & Colonies Françoises de l'Amérique, sur les certificats d'introduction, signés des Gouverneurs & Intendans, ou de ceux qui les représentent dans les lieux & quartiers où ils ne se trouvent pas; Sa Majesté validant, en tant que de besoin, lesdits certificats, encore qu'ils ne fussent signés ni vérifiés par lesdits sieurs Intendans ou Gouverneurs, à l'effet de quoi Sa Majesté déroge pour ce regard seulement auxdites Déclarations & Lettres Patentes, & à l'Arrêt du 27 Septembre 1720. Veut en conséquence Sa Majesté qu'en rapportant par le Garde de son Trésor Royal, lesdits certificats signés des Commissaires Ordonnateurs ou des Subdélégués ou autres Officiers dans les Ports d'où les Intendans ou Gouverneurs seront absens, le payement qu'il aura fait soit passé & alloué sans difficulté en la dépense de ses états & comptes: & pour l'exécution du présent Arrêt seront toutes Lettres nécessaires expédiées. FAIT au Conseil d'Etat du Roi, Sa Majesté y étant, tenu à Châlons le trente-uniéme jour de Juillet mil sept cent quarante-quatre. *Signé* PHELYPEAUX.

# LETTRES PATENTES

## SUR ARREST,

*Qui ordonnent que les Directeurs de la Compagnie des Indes seront payés par le Garde du Trésor Royal de la gratification de treize livres par tête de Négres qui ont été & seront portés par les Armateurs des côtes d'Affrique dans les Isles & Colonies Françoises de l'Amérique.*

Du 31 Septembre 1744.

LOUIS, PAR LA GRACE DE DIEU, ROI DE FRANCE ET DE NAVARRE, à nos amés & féaux Conseillers les Gens tenant notre Chambre des Comptes à Paris : Salut. Les Directeurs de la Compagnie des Indes nous ont exposé que par nos Lettres Patentes du mois de Juin 1716, les Négocians qui avoient alors la liberté de faire le commerce de la côte de Guinée, furent assujettis à nous payer la somme de vingt livres par chaque tête de Noirs qu'ils introduiroient dans nos Colonies de l'Amérique ; mais ayant concédé & réuni à perpétuité à la Compagnie des Indes le privilége exclusif de ce commerce, par Arrêt du 27 Septembre 1720, nous aurions, article VIII. remis ledit droit de vingt livres à la Compagnie des Indes, au moyen de ce qu'elle seroit tenue, à notre décharge, de l'entretien des Forts & Comptoirs, & des garnisons & appointemens des Commis sur ladite côte : que par le même Arrêt nous avons ordonné, article IX. conformément à la Déclaration du mois de Janvier 1685 & aux Lettres Patentes du mois de Mars 1696, que la Compagnie des Indes seroit payée par le Garde de notre Trésor Royal, de la gratification de treize livres par chaque Négre qu'elle justifieroit avoir porté dans les Isles & Colonies de l'Amérique, par un certificat de l'Intendant desdites Isles ou du Gouverneur en son absence : qu'en vertu de cet Arrêt la Compagnie des Indes a fait seule ce commerce jusqu'en 1725, que les Négocians des Villes maritimes du Royaume ayant desiré d'y participer, elle s'est déterminée à accorder singuliérement à certains Armateurs des permissions de commercer sur cette côte de Guinée, à la charge néanmoins de lui payer le droit de vingt livres par tête de Noirs qu'ils introduiroient dans les Colonies de l'Amérique, pour l'indemniser des dépenses dont nous l'avions chargée par l'Arrêt du 27 Septembre 1720, en lui remettant ledit droit : que la Compagnie des Indes a depuis modéré à dix livres ce droit de vingt livres, & qu'elle a bien voulu, sur les instances des Armateurs, donner effet à cette réduction, même pour le passé, par sa délibération du 3 Juillet 1726; mais pour jouir de la gratification de treize livres par tête de Noirs que nous lui avons accordée, la Compagnie étant obligée de rapporter des certificats du nombre des Noirs introduits dans les Colonies de l'Amérique, lesquels certificats doivent être signés de l'Intendant ou du Gouverneur des Isles en son absence, elle exige des Armateurs à qui elle permet ce commerce, des soumissions de rapporter dans un délai fixé ces certificats en la forme prescrite, afin de constater le nombre des Noirs introduits, & mettre la Compagnie en état de se faire payer, d'un côté par les Armateurs du droit réduit à dix livres, & de l'autre par nous de la gratification de treize livres. Que cependant les Armateurs ayant rapporté à la Compagnie des Indes des certificats du nombre des Négres introduits en 1738, 1739 & 1740, signés seulement des Officiers des lieux du débarquement, sans l'être par les Intendans ni par les Gouverneurs, nous avons bien voulu, par Arrêt de notre Conseil du premier Juin 1743, ordonner le payement de ladite gratification, & valider les certificats énoncés audit Arrêt ; mais que lesdits Directeurs de la Compagnie des Indes ne pouvoient se dispenser de nous remontrer que souvent il n'est pas au pouvoir des Capitaines & des Armateurs de faire signer les certificats du nombre des Noirs introduits, par les Intendans ou Gouverneurs, à cause de l'absence & de l'éloignement de ces principaux Officiers du lieu où ces Négres arrivent, ensorte qu'il faudroit ou que ces Intendans & Gouverneurs vinssent exprès à chaque introduction de Négres pour la vérifier, ce qui n'est pas praticable, ou qu'on envoyât dans certaines Isles, souvent à plus de cent lieues du Port ; pour leur faire viser les certificats des Officiers qui les représentent dans le Port, ce qui dans l'un & l'autre cas retarderoit toujours le retour des Navires, & causeroit un grand préjudice aux Armateurs, qui de là se dégoûteroient infailliblement d'un commerce qu'il est du bien de l'Etat de faciliter. Que la Compagnie avoit actuellement plusieurs certificats qui lui ont été remis par les Armateurs, & qui ne sont signés que des Officiers qui représentent les Intendans & Gouverneurs dans les Ports où les Négres ont été introduits ; & qu'elle n'a pû éviter, par les raisons ci-dessus expliquées, d'accepter ces certificats, pour fixer en conséquence la quotité des droits de dix livres qu'elle s'est reservée pour chaque tête de Négres portés dans les Colonies. Que cependant ces certificats deviendroient inutiles à la Compagnie, & elle se verroit privée de la gratification de treize livres que nous lui avons accordée, si non-seulement nous ne validions pas ces certificats pour le passé, mais même si nous n'autorisions pas ceux qui seroient donnés à l'avenir par les Officiers représentant les Intendans & Gouverneurs dans les lieux de l'introduction des Négres. Sur quoi ayant égard aux représentations desdits Directeurs de la Compagnie des Indes, & voulant protéger de plus en plus le transport des Négres dans les Colonies des Isles de l'Amérique, nous aurions expliqué nos intentions par Arrêt de notre Conseil du 31 Juillet dernier, par lequel nous aurions ordonné que pour l'exécution d'icelui, toutes Lettres nécessaires seroient expédiées. A CES CAUSES, de l'avis de notre Conseil qui a vû ledit Arrêt du 31 Juillet 1744, ci-attaché sous le contre-scel de notre Chancellerie, nous avons, conformément à icelui, ordonné, & par ces Présentes signées de notre main, ordonnons que nonobstant ce qui a été ordonné par la Déclaration du mois de Janvier 1685, & par les Lettres Patentes du mois de Mars 1696, les Directeurs de la Compagnie des Indes feront, sur la quittance du Caissier de ladite Compagnie, payés par le Garde de notre Trésor Royal, de la gratification due à ladite Compagnie,

pagnie, de treize livres par tête de Négres qui ont été & seront portés par les Armateurs à qui elle en a donné la permission des côtes d'Affrique dans les Isles & Colonies Françoises de l'Amérique, sur les certificats d'introductions signés des Gouverneurs & Intendans, ou de ceux qui les représentent dans les lieux & quartiers où ils ne se trouvent pas; validant en tant que de besoin lesdits certificats, encore qu'ils ne fussent signés ni vérifiés par lesdits Sieurs Intendans & Gouverneurs, à l'effet de quoi nous dérogeons pour ce regard seulement, auxdites Déclarations & Lettres Patentes, & à l'Arrêt du 27 Septembre 1720; voulant qu'en rapportant par le Garde de notre Trésor Royal lesdits certificats signés des Commissaires Ordonnateurs, ou des Subdélégués, ou autres Officiers dans les Ports d'où les Intendans & Gouverneurs seront absens, le payement qu'il aura fait, soit passé & alloué sans difficulté en la dépense de ses états & comptes. Si vous mandons que ces Présentes vous ayez à faire lire & enregistrer purement & simplement, & du contenu en icelles faire jouir & user ladite Compagnie des Indes pleinement & paisiblement, nonobstant tous Edits, Déclarations, Arrêts & Réglemens à ce contraires, auxquels nous avons dérogé & dérogeons par cesdites Présentes; car tel est notre plaisir. DONNE' à Metz le vingt-sixiéme jour de Septembre l'an de grace mil sept cent quarante-quatre, & de notre regne le trentiéme. *Signé* LOUIS. *Et plus bas*, par le Roi, PHELYPEAUX.

*Regiſtrées en la Chambre des Comptes, en conſéquence des Lettres de relief de ſurannation, regiſtrées cejourd'hui, oui le Procureur Général du Roi pour être exécutées ſelon leur forme & teneur, & jouir par les Directeurs de la Compagnie des Indes de l'effet & contenu en icelles, aux charges, clauſes & conditions portées en l'Arrêt ſur ce fait, le huit Avril mil ſept cent cinquante-quatre.* Signé GOUGENOT.

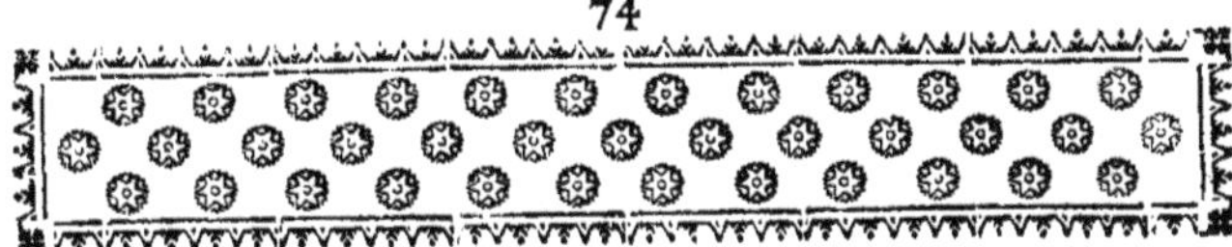

# ARREST DU CONSEIL D'ETAT DU ROY,

*Qui ordonne le payement de la gratification des treize livres par tête de Noirs introduits aux Isles de l'Amérique.*

Du 27 Mars 1746.

LE Roi s'étant fait représenter en son Conseil l'Arrêt de son Conseil d'État du 31 Juillet 1744, & les Lettres Patentes expédiées en conséquence le 26 Septembre suivant, par lesquelles Sa Majesté en dérogeant à cet égard à la Déclaration du mois de Janvier 1685, aux Lettres Patentes du mois de Mars 1696 & à l'Arrêt du Conseil du 27 Septembre 1720, auroit ordonné que les Directeurs de la Compagnie des Indes seroient payés, sur la quittance du Caissier de ladite Compagnie, par le Garde du Trésor Royal de la gratification de treize livres par tête de Négres qui avoient été ou seroient portés par les Armateurs en vertu des permissions à eux données par ladite Compagnie, des côtes d'Affrique dans les Isles & Colonies Françoises de l'Amérique, & ce sur les certificats des Gouverneurs ou Intendans, ou de ceux qui les représentent dans les lieux & quartiers desdites Isles autres que ceux de leur résidence; Sa Majesté ayant, en tant que de besoin, validé lesdits certificats, quoiqu'ils ne fussent signés ni vérifiés par lesdits

Gouverneurs ou Intendans, & en outre ordonné qu'en rapportant par ledit Garde du Trésor Royal lesdits certificats, signés des Commissaires Ordonnateurs ou des Subdélégués, ou par d'autres Officiers dans les Ports en l'absence desdits Gouverneurs ou Intendans, le payement qu'il auroit fait seroit passé & alloué sans difficulté dans la dépense de ses états & comptes. Et Sa Majesté étant informée qu'il se trouve actuellement entre les mains des Directeurs de ladite Compagnie des certificats qui leur ont été fournis, signés par des Officiers de différens Ports & lieux desdites Isles où il a été porté des Négres, & dont ils poursuivent le payement au Trésor Royal, lesquels certificats pourroient être trouvés insuffisans, sous prétexte que les grades des Officiers qui, à défaut les uns des autres, auroient pû donner lesdits certificats, n'étant pas expressément désignés par lesdits Arrêt & Lettres Patentes de 1744, ceux dont il s'agit pourroient être regardés comme étant signés par des Officiers qui n'en ont pas eû le droit; que d'ailleurs on pourroit présumer que suivant l'esprit de ces Arrêt & Lettres, l'absence des Gouverneurs ou Intendans auroit dû, pour la validité desdits certificats, être justifiée par des Commissaires Ordonnateurs, des Commissaires ordinaires de la Marine, Subdélégués des Intendans, Ecrivains principaux ou Ecrivains faisant fonctions de Commissaires, Gardes Magasins faisant fonctions d'Ecrivains, ou enfin par les Officiers des Amirautés, au Greffe desquels les Capitaines ou Patrons des Navires Négriers auroient fait leur déclaration, ce qui pourroit empêcher l'exécution desdits Arrêt & Lettres Patentes des 31 Juillet & 26 Septembre 1744, non-seulement par rapport au payement qui doit être fait aux Directeurs de ladite Compagnie des Indes sur les certificats qu'ils ont actuellement, mais encore sur de pareils qui pourront leur être remis dans la suite, jusqu'à ce qu'il ait plû à Sa Majesté d'expliquer plus particuliérement ses intentions sur le contenu aux susdits Arrêt & Lettres Patentes, & qu'elles soient connues & puissent être exécutées dans lesdites Isles & Colonies Françoises; à quoi voulant pourvoir, ouï le rapport du Sieur de Machault, Conseiller ordinaire au Conſeil Royal, Contrôleur Général des Finances, LE ROI ETANT EN SON CONSEIL, en interprétant ledit Arrêt de ſonConſeil du 31 Juillet 1744, & les Lettres Patentes expédiées en conſéquence le 26 Septembre ſuivant, a ordonné & ordonne que par le Garde du Tréſor Royal la Compagnie des Indes ſera payée, ſur la quittance de ſon Caiſſier, de tout ce qui peut ou pourra lui être dû juſqu'au premier Janvier de l'année 1748, pour raiſon des Négres qui ont été ou ſeront portés des côtes d'Affrique dans les Iſles & Colonies Françoiſes par les Navires de la Compagnie, ou par ceux des Armateurs à qui elle en a donné ou donnera la permiſſion, & ce ſur les certificats qui ont été ou ſeront remis aux Directeurs de ladite Compagnie, pour juſtifier du débarquement des Négres dans les Ports où il aura été ou ſera fait, leſdits certificats ſignés pour l'abſence des Gouverneurs ou Intendans deſdites Iſles & Colonies, par les Commiſſaires Ordonnateurs ou Commiſſaires ordinaires de la Marine, Subdélégués deſdits Sieurs Intendans, Ecrivains principaux de la Marine, Ecrivains faiſant fonctions de Commiſſaires, Gardes Magaſins faiſant fonctions d'Ecrivains, ou par les Officiers des Amirautés au Greffe deſquels les déclarations des Capitaines ou Patrons des Navires Négriers ont été ou ſeront faites, ou d'autres Officiers ayant caractère public, ſans que pour la validité deſdits certificats ladite Compagnie ſoit tenue de juſtifier de l'abſence deſdits Gouverneurs ou Intendans des lieux où ils auront été expédiés, à condition néanmoins que chacun deſdits certificats ſera certifié véritable au moins par deux Directeurs de ladite Compagnie. Veut Sa Majeſté qu'après ledit jour premier Janvier 1748, ladite Compagnie ſoit payée de la gratification dont eſt queſtion ſur des certificats pareils à ceux ci-deſſus preſcrits, & dans leſquels il ſera en outre fait mention expreſſe de l'abſence deſdits Gouverneurs ou Intendans, laquelle ſera atteſtée conjointement avec l'Officier qui ſignera le certificat par un autre deſdits Officiers ayant caractère public dans le lieu où le débarquement aura été fait, s'il s'y en trouve, ou à défaut par le Curé ou l'un des principaux Habitans. Veut en outre Sa Majesté que les payemens ainsi faits par le Garde de son Trésor Royal, soient passés & alloués sans difficulté en la dépense de ses états & comptes en vertu du présent Arrêt, sur lequel toutes Lettres nécessaires seront expédiées. FAIT au Conseil d'Etat du Roi, Sa Majesté y étant, tenu à Versailles le vingt-sept Mars mil sept cent quarante-six. *Signé* PHELYPEAUX.

# LETTRES
## SUR ARREST
## *POUR LA COMPAGNIE DES INDES.*

Du 22 Avril 1746.

LOUIS, PAR LA GRACE DE DIEU, ROI DE FRANCE ET DE NAVARRE : A nos amés & féaux Conseillers les Gens tenant notre Chambre des Comptes à Paris, SALUT. Nous étant fait représenter en notre Conseil l'Arrêt rendu en icelui le 31 Juillet 1744 & les Lettres Patentes expédiées en conséquence le 26 Septembre suivant, par lesquelles en dérogeant à la Déclaration du mois de Janvier 1685, aux Lettres Patentes du mois de Mars 1696, & à l'Arrêt de notre Conseil du 27 Septembre 1720, nous avions ordonné que les Directeurs de la Compagnie des Indes seroient payés, sur la quittance du Caissier de ladite Compagnie, par le Garde de notre Trésor Royal, de la gratification de treize livres par tête de Négres qui avoient été ou seroient portés par les Armateurs, en vertu des permissions à eux données par ladite Compagnie, des côtes d'Afrique dans les Isles & Colonies Françoises de l'Amérique, & ce sur les certificats des Gouverneurs ou Intendans, ou de ceux qui les représentent dans les lieux & quartiers desdites Isles, autres que ceux de leur résidence, nous avons en tant que de besoin, validé lesdits certificats, quoiqu'ils ne fussent signés ni vérifiés par lesdits Gouverneurs ou Intendans; & en outre ordonné qu'en rapportant par ledit Garde de notre Trésor Royal lesdits certificats, signés des Commissaires Ordonnateurs, ou des Subdélégués, ou par d'autres Officiers dans les Ports en l'absence desdits Gouverneurs ou Intendans, le payement qu'il auroit fait seroit passé & alloué sans difficulté dans la depense de ses états & comptes: & étant informés qu'il se trouve actuellement entre les mains des Directeurs de ladite Compagnie des certificats qui leur ont été fournis, signés par des Officiers de différens Ports & lieux desdites Isles où il a été porté des Négres, & dont ils poursuivent le payement en notre Trésor Royal, lesquels certificats pourroient être trouvés insuffisans, sous prétexte que les grades des Officiers qui, à défaut les uns des autres, auroient pû donner lesdits certificats, n'étant pas expressément désignés par lesdits Arrêt & Lettres Patentes de 1744, ceux dont il s'agit pourroient être regardés comme étant signés par des Officiers qui n'en ont pas eu le droit; que d'ailleurs on pourroit présumer que suivant l'esprit de ces Arrêt & Lettres, l'absence des Gouverneurs ou Intendans avoit dû, pour la validité desdits certificats, être justifiée par des Commissaires Ordonnateurs, des Commissaires ordinaires de la Marine, Subdélégués des Intendans, Ecrivains principaux, ou Ecrivains faisant fonctions de Commissaires, Garde Magasins faisant fonctions d'Ecrivains, ou enfin par les Officiers des Amirautés au Greffe desquels les Capitaines ou Patrons des Navires Négriers auroient fait leur déclaration, ce qui pourroit empêcher l'exécution desdits Arrêt & Lettres Patentes des 31 Juillet & 26 Septembre 1744, non-seulement par rapport au payement qui doit être fait aux Directeurs de ladite Compagnie des Indes sur les certificats qu'ils ont actuellement, mais encore sur de pareils qui pourront leur être remis dans la suite, jusqu'à ce qu'il nous ait plû d'expliquer plus particuliérement nos intentions sur le contenu aux susdits Arrêts & Lettres Patentes, & qu'elles soient connues

& puiſſent être exécutées dans leſdites Iſles & Colonies Françoiſes, nous aurions par Arrêt de notre Conſeil du 27 Mars dernier, ſtatué ſur ce qui nous a paru néceſſaire pour mettre ladite Compagnie en état de recevoir les ſommes qui lui ſont ou pourront être dûes pour raiſon des Négres qui ont été ou ſeront portés des côtes d'Affrique dans les Iſles & Colonies Françoiſes par les Navires de ladite Compagnie, ou par ceux des Armateurs à qui elle en a donné ou donnera la permiſſion, & ordonné que pour l'exécution dudit Arrêt toutes Lettres néceſſaires ſeroient expédiées, à quoi voulant pourvoir. A CES CAUSES, de l'avis de notre Conſeil qui a vû ledit Arrêt du 27 Mars dernier, dont extrait eſt ci-attaché ſous le contre-ſcel de notre Chancellerie, nous avons, en interprétant ledit Arrêt de notre Conſeil du 31 Juillet 1744 & les Lettres Patentes expédiées en conſéquence le 26 Septembre ſuivant, ordonné, & par ces Préſentes ſignées de notre main, ordonnons que par le Garde de notre Tréſor Royal la Compagnie des Indes ſera payée, ſur les quittances de ſon Caiſſier, de tout ce qui peut ou pourra lui être dû juſqu'au premier Janvier de l'année 1748, pour raiſon des Négres qui ont été ou ſeront portés des côtes d'Affrique dans les Iſles & Colonies Françoiſes par les Navires de ladite Compagnie, ou par ceux des Armateurs à qui elle en a donné ou donnera la permiſſion, & ce ſur les certificats qui ont été ou ſeront remis aux Directeurs de ladite Compagnie, pour juſtifier du débarquement des Négres dans les Ports où il aura été ou ſera fait, leſdits certificats ſignés pour l'abſence des Gouverneurs ou Intendans deſdites Iſles & Colonies par les Commiſſaires Ordonnateurs ou Commiſſaires ordinaires de la Marine, Subdélégués deſdits Sieurs Intendans, Ecrivains principaux de la Marine, ou Ecrivains faiſant fonctions de Commiſſaires, Gardes Magaſins faiſant fonctions d'Ecrivains, ou par les Officiers des Amirautés au Greffe deſquels les déclarations des Capitaines ou Patrons de Navires Négriers ont été ou ſeront faites, ou d'autres Officiers ayant caractère public, ſans que pour la validité deſdits certificats ladite Compagnie ſoit tenue de juſtifier de l'abſence deſdits Gouverneurs ou Intendans des lieux où ils auront été expédiés ; à condition néanmoins que chacun desdits certificats sera certifié véritable au moins par deux Directeurs de ladite Compagnie. Voulons qu'après ledit jour premier Janvier 1748, ladite Compagnie soit payée de la gratification dont est question sur des certificats pareils à ceux ci-dessus prescrits, & dans lesquels il sera en outre fait mention expresse de l'absence desdits Gouverneurs & Intendans, laquelle sera attestée conjointement avec l'Officier qui signera le certificat, par un autre desdits Officiers ayant caractère public dans le lieu où le débarquement aura été fait, s'il s'y en est trouvé, ou à défaut par le Curé ou l'un des principaux Habitans. Voulons en outre que les payemens ainsi faits par le Garde de notre Trésor Royal, soient passés & alloués sans difficulté en la dépense de ses états & comptes, en vertu des Présentes. Si vous mandons que cesdites Présentes vous ayez à faire registrer & exécuter selon leur forme & teneur, cessant & faisant cesser tous troubles & empêchemens, & nonobstant toutes choses à ce contraires; car tel est notre plaisir. DONNÉ à Versailles le vingt-deuxiéme jour d'Avril l'an de grace mil sept cent quarante-six, & de notre regne le trente-uniéme. *Signé* LOUIS. *Et plus bas*, par le Roi, PHELYPEAUX.

*Registrées en la Chambre des Comptes, en conséquence des Lettres de relief de surannation, registrées cejourd'hui, ouï le Procureur Général du Roi pour être exécutées selon leur forme & teneur, & jouir par les Directeurs de la Compagnie des Indes de l'effet & contenu en icelles, aux charges, clauses & conditions portées en l'Arrêt sur ce fait, le huit Avril mil sept cent cinquante-quatre.* Signé GOUGENOT.

LETTRES

# LETTRES DE SURANNATION SUR LETTRES PATENTES *POUR LA COMPAGNIE DES INDES.*

Du 6 Mars 1754.

LOUIS, PAR LA GRACE DE DIEU, ROI DE FRANCE ET DE NAVARRE, à nos amés & féaux Conseillers les Gens tenant notre Chambre des Comptes à Paris : Salut. Nos chers & bien amés les Directeurs de la Compagnie des Indes nous ont fait exposer qu'au moyen de la réunion qui a été faite à perpétuité à ladite Compagnie par Arrêt du Conseil du 27 Septembre 1720, du privilége exclusif pour le commerce de la côte de Guinée, il lui est dû, conformément à la Déclaration du mois de Janvier 1685, portant établissement d'une Compagnie de Guinée, & aux Lettres Patentes du mois de Mars 1696, portant établissement d'une nouvelle Compagnie du Sénégal, Cap Verd & côtes d'Affrique, une gratification de treize livres pour chaque tête de Négres qu'elle fait passer de Guinée dans les Colonies Françoises de l'Amérique, dont le payement lui doit être fait en vertu desdites Lettres Patentes du mois de Mars 1696, par le Garde de son Trésor Royal; en conséquence, par Arrêt de notre Conseil du premier Juin 1743 & Lettres Patentes expédiées sur icelui le 5 Juillet suivant, nous avons ordonné que les Directeurs de la Compagnie des Indes seroient, sur la quittance du

Caissier de ladite Compagnie, payés par le Sieur Paris de Montmartel, Garde de notre Trésor Royal, de la gratification dûe à ladite Compagnie de treize livres par tête de Négres qui ont été portés des côtes d'Affrique dans les Isles & Colonies Françoises de l'Amérique pendant les années 1738, 1739 & 1740, suivant les certificats mentionnés auxdites Lettres, que nous avons validé, encore bien que conformément auxdites Déclarations & Lettres Patentes, ils n'ayent été signés ou vérifiés par le Sieur Intendant ou par le Gouverneur des Isles & Colonies où ces Négres ont été débarqués : par autre Arrêt de notre Conseil du 31 Juillet 1744 & Lettres Patentes expédiées sur icelui le 26 Septembre suivant, nous avons ordonné que les Directeurs de ladite Compagnie seroient également payés par le Garde de notre Trésor Royal sur la quittance du Caissier de ladite Compagnie, de la gratification dûe à ladite Compagnie de treize livres par tête de Négres qui ont été portés par les Armateurs à qui elle en a donné la permission, des côtes d'Affrique dans les Isles & Colonies Françoises de l'Amérique, sur les certificats d'introductions signés des Gouverneurs & Intendans, ou de ceux qui les représentent dans les lieux & quartiers où ils ne se trouvent pas, encore qu'ils ne fussent signés ni vérifiés par lesdits Sieurs Intendans & Gouverneurs, à l'effet de quoi nous avons dérogé pour ce regard seulement auxdites Déclarations & Lettres Patentes, & à l'Arrêt du 27 Septembre 1720 : par autre Arrêt de notre Conseil du 27 Mars 1746 & Lettres Patentes expédiées sur icelui le 22 Avril suivant, nous avons, en interprétant l'Arrêt de notre Conseil du 31 Juillet 1744 & Lettres Patentes expédiées en conséquence le 26 Septembre suivant, ordonné que par le Garde de notre Trésor Royal la Compagnie des Indes sera payée sur les quittances de son Caissier, de tout ce qui pourroit lui être dû jusqu'au premier Janvier de l'année 1748, pour raison des Négres qui avoient été ou seroient portés des côtes d'Affrique dans les Isles & Colonies Françoises de l'Amérique par les Navires de ladite Compagnie ou par ceux des Armateurs à qui elle en avoit donné ou en donneroit la permission, & ce sur les certificats qui en auroient été ou feroient remis aux Directeurs de ladite Compagnie, pour juftifier du débarquement des Négres dans les Ports où il avoit été ou feroit fait, lefdits certificats fignés pour l'abfence des Gouverneurs ou Intendans defdites Ifles & Colonies, par les Commiffaires Ordonnateurs ou Commiffaires ordinaires de la Marine, Subdélégués defdits Intendans, Ecrivains principaux de la Marine, ou Ecrivains faifant fonctions de Commiffaires, Gardes Magafins faifant fonctions d'Ecrivains, ou par les Officiers des Amirautés au Greffe defquels les déclarations des Capitaines ou Patrons de Navires Négriers avoient été ou feroient faits, ou d'autres Officiers ayant caractère public, fans que pour la validité defdits certificats ladite Compagnie foit tenue de juftifier de l'abfence defdits Gouverneurs ou Intendans des lieux où ils auront été expédiés, à condition néanmoins que chacun defdits certificats fera certifié véritable au moins par deux Directeurs de ladite Compagnie : nous avons en outre ordonné qu'après ledit jour premier Janvier 1748, ladite Compagnie foit payée de la gratification dont eft queftion fur des certificats pareils à ceux ci-deffus prefcrits, & dans lefquels il fera en outre fait mention expreffe de l'abfence defdits Gouverneurs & Intendans, laquelle fera atteftée conjointement avec l'Officier qui fignera le certificat, par un autre defdits Officiers ayant caractère public dans le lieu où le débarquement aura été fait, s'il s'y en trouve, ou à défaut par le Curé ou l'un des principaux Habitans; mais pour ce que toutes lefdites Lettres Patentes ne vous ont point été préfentées dans l'année de leur date & qu'elles font furannées; que même les Lettres Patentes du mois de Mars *1696*, portant établiffement de la Compagnie du Sénégal, à vous adreffées ainfi qu'à nos Cour de Parlement & Cour des Aydes à Paris, ayant été enregiftrées dans lefdites Cours, & ne vous ayant point été préfentées, les Expofans craignent que vous ne faffiez difficulté de procéder à l'enregiftrement, tant defdites Lettres Patentes du mois de Mars *1696*, qu'à celles des 5 Juillet 1743, *26* Septembre 1744 & *26* Avril 174*6*, s'il ne leur étoit par nous pourvu de Lettres de furannation, qu'ils nous ont très-humblement fait supplier de vouloir bien leur accorder ; & voulant faire jouir les Exposans du contenu auxdites Lettres Patentes des mois de Mars 1696, cinq Juillet 1743, 26 Septembre 1744, & 26 Avril 1746, ci-attachées sous le contre-scel de notre Chancellerie, nous vous mandons & enjoignons par ces Présentes signées de notre main, que vous ayez à procéder à l'enregistrement de nosdites Lettres Patentes, & de leur contenu faire jouir & user les Exposans pleinement & paisiblement, nonobstant & sans vous arrêter à ladite surannation que nous ne voulons leur nuire ni préjudicier, & dont en tant que besoin est ou seroit, nous les avons relevé & relevons par cesdites Présentes ; car tel est notre plaisir. DONNE' à Versailles le sixiéme jour de Mars l'an de grace mil sept cent cinquante-quatre, & de notre regne le trente-neuviéme. *Signé* LOUIS. *Et plus bas*, par le Roi, ROUILLE'.

*Registrées en la Chambre des Comptes, ouï le Procureur Général du Roi, le huit Avril mil sept cent cinquante-quatre.* Signé GOUGENOT.

# ARREST
## D'ENREGISTREMENT DES LETTRES PATENTES
### *De 1696, 1743, 1744 & 1746.*

Du 8 Avril 1754.

*Extrait des Regiſtres de la Chambre des Comptes.*

VU par la Chambre les Lettres Patentes du feu Roi Louis XIV. en forme de Chartres, données à Verſailles au mois de Mars *1696*, ſignées LOUIS : *& plus bas*, par le Roi, PHELYPEAUX ; à côté *viſa* BOUCHERAT, & plus bas, vû au Conſeil, PHELYPEAUX ; & ſcellées en lacs de ſoye rouge & verte du grand ſceau de cire verte, par leſquelles & pour les cauſes & conſidérations y contenues, ledit Seigneur Roi, de l'avis de ſon Conſeil, & après avoir vû & examiné le contrat de vente & ceſſion faite les 18 Septembre & 13 Novembre *1694* par l'ancienne Compagnie formée en *1681*, pour faire au Sénégal & ſur la côte d'Affrique le commerce & trafic des cuirs, gommes, cires, morphil, poudre & matiére d'or, & autres marchandiſes fines, & la traite des Négres deſtinés aux Iſles de l'Amérique, du privilége à elle accordé, à une nouvelle Compagnie formée par le feu Seigneur Roi, l'Arrêt d'homologation du 30 dudit mois de Novembre *1694*, avec la ſociété faite en conſéquence le 23 Janvier *1696*; enſemble les Edits des mois de Mai 1664 & Décembre 1674, pour l'établissement & révocation de la Compagnie des Indes Occidentales; les Lettres Patentes de confirmation d'établissement de ladite Compagnie du Sénégal des mois de Juin 1679 & Juillet 1681, & les Arrêts du Conseil dudit Seigneur Roi des 30 Mai 1664, 12 Février, 10 Mars, 24 Avril & 20 Août 1665, 10 Septembre 1668, 4 Juin, 18 Septembre & 25 Novembre 1671, 28 Juin 1692 & 10 Août 1694, ledit Seigneur Roi a dit, statué & ordonné:

## ARTICLE PREMIER.

QUE le contrat de vente & cession faite par les Directeurs intéressés de l'ancienne Compagnie Royale du Sénégal au profit du Sieur d'Appougny, Secrétaire du Roi & de ses Finances, les 18 Septembre & 13 Novembre 1694, l'Arrêt d'homologation du 30 dudit mois de Novembre; ensemble l'Acte de société passé entre ledit d'Appougny & les autres Intéressés le 23 Janvier lors dernier, seront exécutés selon leur forme & teneur, & à cet effet ledit Seigneur Roi a lesdits contrats & société approuvé & confirmé, veut & lui plaît que la nouvelle Compagnie Royale du Sénégal formée par ledit contrat de société jouisse en pleine propriété avec tous les droits de Seigneurie directe & Justice, des Forts, habitations, terres & pays appartenans ci-devant à l'ancienne Compagnie, soit en vertu des traités faits avec les Rois Noirs ou à titre de conquête, tant dans l'Isle & Château d'Arguin, riviere & Forts du Sénégal & leurs dépendances, riviere de Gambie, Bisseaux & autres rivieres & pays qui sont le long de la côte d'Affrique, depuis le Cap Blanc jusqu'à la riviere de Serrelionne, dans tous les pays de sa concession, même du Fort de Gambie, ci-devant occupé par les Anglois, & sur ceux récemment pris par les Vaisseaux dudit Seigneur Roi; ensemble des conquêtes qu'elle fera ci-après sur les Naturels du pays ou autres nations étrangeres, soit par l'assistance des Vaisseaux dudit Seigneur Roi, soit par les siens propres, sans aucune réserve ni condition, si-non de la foi & hommage lige que ladite nouvelle Compagnie ſera tenue de rendre audit Seigneur Roi & à ſes ſucceſſeurs Rois, ſous la redevance d'un éléphant chaque mutation au lieu de la couronne d'or du poids de trente marcs portée par l'article premier de la Déclaration dudit Seigneur Roi du mois de Juillet 1681, dont ledit Seigneur Roi a déchargé ladite nouvelle Compagnie ; enſemble de la redevance annuelle d'un marc d'or ou valeur en ambre gris, portée par les contrats de vente du Sénégal & dépendances, des 8 Novembre 1673 & 4 Juillet 1681, dûs audit Seigneur Roi à cauſe de ſon Domaine d'Occident, attendu que ladite côte de Guinée, dite côte d'or, a été démembrée de ladite conceſſion du Sénégal par Arrêt du Conſeil dudit Seigneur Roi du 6 Janvier 1685 ; comme auſſi de tous autres droits & profits Seigneuriaux & féodaux, à la charge de nourrir, entretenir & payer le nombre des Prêtres néceſſaires pour l'adminiſtration des Sacremens aux gens de ladite habitation pendant le temps de ladite conceſſion ci-après déclarée, deſquels Prêtres ladite nouvelle Compagnie aura la nomination, le tout ſuivant que l'ancienne en a joui ou dû jouir, & conformément aux Lettres Patentes de ſon établiſſement du mois de Juin 1679, & de l'Edit de création de la Compagnie des Indes d'Occident du mois de Mai 1664, & aux mêmes droits, priviléges & exemptions y mentionnées.

## II.

Jouisse en outre la nouvelle Compagnie aux mêmes droits & priviléges que deſſus, des terres & habitations que l'ancienne Compagnie avoit dans l'Iſle de Gorée & dépendances, de laquelle, comme appartenante audit Seigneur Roi, en conſéquence de la conquête qu'il en a faite ſur les Etats Généraux des Provinces-Unies, & de la ceſſion qui lui en a été faite par le traité de Nimegues du 18 Aout 1678, ledit Seigneur Roi avoit fait don à l'ancienne Compagnie par ſes Lettres Patentes du mois de Juillet 1681, & en tant que de beſoin eſt, ledit Seigneur Roi confirme ladite nouvelle Compagnie dans tous les droits de propriété de ladite Iſle & dépendances, Seigneurie directe & Justice, pour par elle en jouir, & la tenir dudit Seigneur Roi à une seule foi & hommage & redevance, conjointement avec les autres terres, pays & habitations à elle cédés par l'ancienne Compagnie par ledit contrat susdaté.

III.

Jouisse aussi ladite Compagnie de toutes les mines & minieres, Forts, Caps, Golphes, Ports, Havres, côtes, rivieres, Isles & Islons dans l'étendue dudit pays concédé & dans ceux qu'elle pourra ci-après conquérir sur les Naturels du pays & autres nations étrangeres, sans payer audit Seigneur Roi pour raison de ce aucuns droits de souveraineté dont il lui a fait don.

IV.

Puisse ladite Compagnie Royale, comme Seigneurs hauts-Justiciers dudit pays, y établir des Juges & Officiers partout où besoin sera, lesquels connoîtront de toutes affaires de Justice, Police, Commerce & Navigations, tant civiles que criminelles.

V.

Confirme aussi & approuve la cession & transport à la nouvelle Compagnie par le même contrat, des Vaisseaux & autres Bâtimens, marchandises & effets appartenans à l'ancienne Compagnie, dont il sera fait inventaire & procès-verbal par leurs Commis & Préposés sur les lieux lors de la prise de possession, le tout suivant ledit Acte de société du 23 Janvier lors dernier.

VI.

Confirme & approuve pareillement ledit Seigneur Roi la cession & le transport fait à la nouvelle Compagnie par ledit contrat, du privilége de faire seule, à l'exclusion de tous autres, par elle & par ses Préposés & Commis, le commerce dans toute l'étendue des habitations & pays qui lui ont

ont été cédés, & par ledit Seigneur Roi confirmés en propriété, & dans la côte d'Affrique, aux termes desdites Déclarations & Lettres Patentes.

VII.

PERMET ledit Seigneur Roi en ce faisant à ladite Compagnie de faire la traite de toutes les marchandises, même des Négres captifs qu'elle pourra seule négocier sur la côte & dans les terres fermes, & Isles voisines dans l'étendue desdits lieux, les transporter dans les Isles & terres fermes de l'Amérique, & de les vendre aux habitans de gré à gré; faisant défenses aux Lieutenant Général, Intendans, Gouverneurs & à tous Officiers de Justice, d'en régler le prix, le tout pendant le cours & espace de trente années, & à cet effet ledit Seigneur Roi a continué & prorogé le privilége de l'ancienne Compagnie de quatorze années au-delà des seize qui restoient à expirer de l'ancien privilége ci-devant accordé.

VIII.

FAIT en conséquence ledit Seigneur Roi défenses à tous ses Sujets d'aller en vertu de ses commissions ou permissions, ou de celles des Princes étrangers ou autrement, trafiquer directement ou indirectement sous quelque prétexte que ce soit, dans tous les pays de ladite Compagnie, à peine de confiscation de leurs Vaisseaux & marchandises au profit de ladite Compagnie, à laquelle ledit Seigneur Roi permet de s'en saisir par force, & de trois mille livres d'amende, applicable moitié aux Hôpitaux des lieux, l'autre moitié à ladite Compagnie, déclarant dès à présent lesdites permissions ou commissions qu'il pourroit donner ou avoir donné nulles.

IX.

PERMET aussi ledit Seigneur Roi à ladite nouvelle Compagnie de se saisir par force des Vaisseaux étrangers & marchandises appartenant aux Sujets des Princes & Etats étrangers qui seront trouvés négocians dans l'étendue de ladite conceſſion, directement ou indirectement, ſous quelque prétexte que ce puiſſe être, à la charge d'en faire juger les priſes au Conſeil du Roi au profit de ladite Compagnie, même de s'emparer des Forts & habitations qu'ils pourroient y avoir établis ; enſemble des effets qui s'y trouveront, que dès-à-préſent ledit Seigneur Roi adjuge au profit de ladite Compagnie, à l'exception des Portugais qui ont un établiſſement à Cahan & aux Biſſeaux, au commerce deſquels le Roi n'entend préjudicier, & des autres Princes & États qu'il lui plaira excepter par le traité de paix lors prochain.

## X.

Et au cas que leſdits Vaiſſeaux pris comme deſſus ſe trouvaſſent chargés de marchandiſes propres aux traites de ladite conceſſion de ladite Compagnie, lui permet ledit Seigneur Roi d'en diſpoſer par proviſion, en faiſant préalablement dreſſer procès-verbal & inventaire d'icelles, pour le tout rapporté au Conſeil du Roi être ordonné ce que de raiſon, ſauf à reſtituer la valeur de ce qu'elles auront coûté en Europe, au cas que leſdites priſes ne ſoient pas jugées valables.

## XI.

Pourra ladite Compagnie faire conſtruire des Forts & habitations en tous lieux qu'elle jugera néceſſaire pour la défenſe dudit pays, leſquels Forts, ainſi que ceux qui y étoient déja, ſeront réputés Royaux, & jouiront des mêmes priviléges que ceux du Roi ; faire fondre des canons aux armes dudit Seigneur Roi, faire poudre & boulets, forger armes & lever Matelots & Soldats dans le Royaume pour envoyer auxdits pays, qui ſeront engagés comme pour le ſervice du Roi, en prenant ſa permiſſion en la maniére accoûtumée.

## XII.

Ladite Compagnie pourra dans leſdits Forts & habitations établir tels Gouverneurs qu'elle jugera à propos, leſquels feront nommés & préfentés par les Directeurs de ladite Compagnie, pour leur être expédiées des Lettres de provifions du Roi; pourra les deftituer toutes fois & quantes que bon lui femblera, & en établir d'autres en leur place, auxquels ledit Seigneur Roi fera expédier pareillement des Lettres de provifions fans aucune difficulté, en attendant l'expédition defquelles ils pourront commander le temps de fix mois ou un an au plus fur les commiffions des Directeurs; révoque ledit Seigneur Roi toutes commiffions qu'il pourroit avoir ci-devant données à cet effet, qui demeureront nulles & de nul effet.

XIII.

Pourra auffi ladite Compagnie armer & équiper en guerre le nombre de Vaiffeaux qu'elle jugera à propos pour l'augmentation & fûreté de fon commerce, fur lefquels Vaiffeaux elle pourra mettre le nombre de canons que bon lui femblera, & établir tels Capitaines & Officiers, Soldats & Matelots qu'elle trouvera à propos, lefquels jouiront des mêmes priviléges & exemptions que ceux du Roi.

XIV.

S'il arrivoit que les Ports fuffent fermés, & qu'il fût défendu à tous Négocians d'armer des Vaiffeaux, permet néanmoins ledit Seigneur Roi à ladite Compagnie d'en armer deux au moins tous les ans; veut même qu'il leur foit fourni pour lefdits armemens des Matelots de fes claffes fans aucun empêchement.

XV.

Et en cas que ladite Compagnie fut menacée & troublée en la poffeffion defdits pays & terres de fa conceffion, & dans le commerce par les ennemis de l'Etat dudit Seigneur Roi, il promet de la défendre & affifter de fes armes & de fes Vaiffeaux à fes frais & dépens.

XVI.

Toutes les marchandifes & munitions de guerre & de

bouche que ladite Compagnie aura destinées pour lesdits lieux, ensemble pour les Isles & Colonies de l'Amérique, seront exemptes de droits de sortie & autres généralement quelconques, conformément aux Arrêts du Conseil du Roi du 18 Septembre & 25 Novembre 1671, même dans le cas qu'elles sortent par le Bureau d'Ingrande, quoiqu'il ne soit pas exprimé dans les Arrêts; ensemble des droits qui pourroient être imposés à l'avenir, encore que les Exempts & Privilégiés y fussent assujettis, à la charge par les Directeurs, Commis ou Préposés de ladite Compagnie de donner à l'Adjudicataire des Fermes du Roi un certificat comme lesdites marchandises, vivres & munitions de guerre & de bouche seront pour le compte de ladite Compagnie, & destinées pour être transportées dans lesdits pays.

## XVII.

LES marchandises & munitions de guerre & de bouche, bestiaux, vins, eaux de vie, chairs, farines & autres denrées; ensemble les futailles vuides, bois merain & à bâtir les Vaisseaux, le tout pour l'usage de ladite Compagnie, qu'elle fera transporter dans ses Magasins & Ports de mer pour les charger dans les Vaisseaux, seront pareillement exempts de tous droits d'Octrois & d'entrées de Ville, Ports & Péages, Passages, Travers, Domaines & autres impositions qui se perçoivent sur les rivieres de Loire, de Seine & autres, même des droits aliénés par ledit Seigneur Roi ou attribués sous le titre d'Offices créés, & de tous autres généralement de quelque nature qu'ils soient, mis & à mettre, encore que les Exempts & Privilégiés y fussent assujettis, défendant ledit Seigneur Roi aux Maires, Echevins, Jurats, Consuls, Syndics & Habitans des Villes aux pourvûs desdits Offices, & aux Fermiers, Propriétaires ou Engagistes desdits droits, d'en exiger aucuns de ladite Compagnie pour raison de ce que dessus, à peine de restitution & de tous dommages & intérêts.

## XVIII.

COMME auſſi jouira, ſuivant les Arrêts du Conſeil du Roi deſdits jours 24 d'Avril & 26 Août 1665, de l'exemption de tous droits d'entrées & de ſorties, & du bénéfice de l'entrepôt des munitions de guerre & de bouche, bois, chanvre, toiles à faire voiles, cordages, goudrons, canons de fer & de fonte, poudre, boulets, armes de fer & autres choſes généralement quelconques de cette qualité que la Compagnie fera venir pour ſon compte, tant des Pays étrangers que de ceux de l'obéiſſance du Roi, ſoit que les choſes ſoient deſtinées pour l'avitaillement, armement, radoub, équipement ou conſtruction des Vaiſſeaux qu'elle équipera ou fera conſtruire dans les Ports de France, ſoit qu'elles doivent être tranſportées ès lieux de ſa conceſſion.

## XIX.

TOUTES marchandiſes qui viendront pour le compte de ladite Compagnie, tant du Sénégal & côtes d'Affrique, que des Iſles & Colonies Françoiſes de l'Amérique, ſeront exemptes, conformément à l'Arrêt du Conſeil du Roi du 30 Mai 1664, de la moitié de tous droits d'entrées en France audit Seigneur Roi ou à ſes Fermiers appartenans, ſoit qu'ils euſſent été impoſés lors dudit Arrêt, ou qu'ils l'ayent été depuis, même de ceux qui le pourroient être à l'avenir, encore que les Exempts & Privilégiés y fuſſent aſſujettis, faiſant le Roi défenſes auxdits Fermiers, leurs Commis & tous autres d'en exiger au-delà du contenu aux préſentes Lettres, à peine de concuſſion & de reſtitution du quadruple ; & pour l'exécution du préſent article, même pour prévenir les conteſtations qui pourroient naître entre ladite Compagnie du Sénégal ou leurs Directeurs, & l'Adjudicataire des Fermes du Roi, ſes Commis & Prépoſés, ordonne ledit Seigneur Roi à ladite Compagnie de donner à l'Adjudicataire de ſes Fermes aux Bureaux par leſquels entreront leſdites marchandiſes, des déclarations certifiées d'eux ou de leurs Directeurs, leſquelles enſuite pourront être peſées, vûes, & viſitées &

expédiées par les Commis de l'Adjudicataire desdites Fermes, sans toutefois que ladite Compagnie soit tenue ou assujettie à faire visiter ni peser la poudre & matiére d'or qu'elle sera entrer dans le Royaume, que ledit Seigneur Roi déclare par lesdites présentes Lettres exemptes de toutes visites & de tous droits, à la charge toutefois de la présenter au Bureau de la Monnoye de Paris.

## XX.

La Compagnie fera faire tous les équipemens & retours de ses Vaisseaux dans les Ports de France où elle pourra, conformément à l'Arrêt du Conseil du 10 Septembre 1668, faire décharger, si bon lui semble, les sucres, tabacs & autres marchandises venant du pays de sa concession, avec la faculté de les envoyer ensuite dans les pays étrangers sans payer aucuns droits que de ce qui sera déclaré pour être consommé dans le Royaume; & jouira ladite Compagnie d'un libre entrepôt pour lesdites marchandises qu'elle pourra envoyer par transit en tels lieux qu'elle jugera à propos pour le bien & avantage de son commerce, lequel transit ledit Seigneur Roi n'a accordé que pour cinq années, sauf à le continuer après ce temps s'il l'estime nécessaire.

## XXI.

Sera tenu l'Adjudicataire des Fermes du Roi de déclarer dans quinzaine du jour que l'arrivée des tabacs lui aura été déclarée, s'il veut les prendre en tout ou partie, auquel cas il en sera fait estimation de gré à gré, sinon par Experts dont les Parties conviendront, autrement il en sera nommé d'office par le Juge des Traites; & après la quinzaine expirée sans que ledit Adjudicataire ait fait sa déclaration, il sera loisible à ladite Compagnie de le faire passer dans les Pays étrangers.

## XXII.

La Compagnie sera exempte de droits de capitation pour les Négres qu'elle fera transporter dans les Isles del'Amérique où elle pourra faire des Magasins en attendant la vente d'iceux, desquels droits ledit Seigneur Roi lui fait don & remise, à moins que les Négres ne travaillassent pour le compte de la Compagnie, auquel cas elle payera les mêmes droits de capitation que les habitans.

XXIII.

POURRA ladite Compagnie faire bâtir des Magasins & habitations auxdites Isles de l'Amérique pour resserrer les sucres qui proviendront de la vente des Négres, même les y faire rafiner, pourvû que ce soit dans les rafineries établies avant l'année 1684.

XXIV.

VEUT ledit Seigneur Roi que conformément à l'Arrêt de son Conseil du 25 Mars 1679, il soit payé à ladite Compagnie la somme de treize livres par forme de gratification par chacune tête de Négres qu'elle aura porté dans les Isles & Colonies de l'Amérique, en conséquence des certificats de l'Intendant des Isles ou Gouverneur en son absence, & sur lesdits certificats ladite somme de treize livres sera payée par le Garde de son Trésor Royal.

XXV.

ET pour la poudre & matiére d'or que la Compagnie fera entrer en France venant des pays de sa concession, veut aussi & ordonne ledit Seigneur Roi être payé à ladite Compagnie par forme de gratification la somme de vingt livres par chaque marc de poudre ou matiére d'or, en rapportant la certification du Directeur général de la Monnoye de Paris, & sur icelle sera ladite somme de vingt livres payée par le Garde du Trésor Royal, & ce outre & par-dessus le prix de ladite matiére, qui sera payée à ladite Compagnie suivant les tarifs.

XXVI.

SERONT par ledit Seigneur Roi délivré les passeports nécessaires aux Etrangers pour les Vaisseaux sur lesquels ils iront prendre dans les conceſſions de la Compagnie & aux Iſles de l'Amérique, les Négres & autres marchandiſes qui leur ſeront par elle vendus ou qu'ils apporteront pour le compte de ladite Compagnie dans les Ports de France, ſans qu'elle ſoit tenue pour raiſon de ce de payer aucuns droits audit Seigneur Roi, lequel fait défenſe à ladite Compagnie de faire aucun traité avec les Etrangers ſans ſa permiſſion, & de faire partir aucuns de ſes Vaiſſeaux ſans les paſſeports qu'il donnera ſuivant l'exigence des cas.

## XXVII.

Il ſera tenu de bons & fidéles livres journaux de caiſſe, d'achats & de ventes d'envois & de raiſon en partie double, tant dans la Direction générale de Paris que par les Commiſſaires de la Compagnie, dans les Provinces & dans les pays de la conceſſion, auxquels ſera ajoûté foi en Juſtice.

## XXVIII.

Sera ladite Compagnie régie & gouvernée ſuivant & au déſir de la ſociété paſſée le 23 Janvier lors dernier, & ainſi que pour le plus grand bien de la choſe il ſera aviſé entre les Aſſociés en leurs aſſemblées, comme de choſe à eux propre & appartenante.

## XXIX.

Permet ledit Seigneur Roi à ladite Compagnie de dreſſer & arrêter tels ſtatuts & réglemens que bon lui ſemblera pour la conduite & régie de ſon commerce, tant en Europe que dans les pays concédés, & par-tout où beſoin ſera, leſquels ſeront exécutées ſelon leur forme & teneur.

## XXX.

Ceux qui ſe prétendront créanciers de l'ancienne Compagnie ou avoir des droits en la choſe, ſeront tenus dans quatre mois de la publication deſdites Lettres, de remettre entre les mains dudit Seigneur Roi leurs Piéces & Mémoires, pour leur être par lui pourvû ſur les deniers provenans

venans du prix de la vente, après lequel temps ils demeureront déchus purement & simplement de pouvoir exercer aucune action contre la nouvelle Compagnie, sauf à eux à se pourvoir contre ledit Sieur d'Appougny & autres Intéressés de ladite ancienne Compagnie.

XXXI.

Ne pourront les effets de ladite Compagnie ni les fonds des Intéressés en icelle, tant en principal que profits, être saisis pour deniers & affaires dudit Seigneur Roi, ni sous quelque autre prétexte que ce soit, & en cas de saisies & arrêts qui pourroient être faits à la requête des créanciers particuliers d'aucuns Intéressés, elles tiendront entre les mains du Caissier général de la Compagnie, qui fera délivrance jusqu'à concurrence des causes de la saisie & à proportion des repartitions qui devront être faites entre les Associés, suivant les résultats de l'assemblée & les comptes qui y seront arrêtés, auxquels les saisissans seront tenus de se rapporter, sans que sous quelque prétexte que ce soit le Caissier général ou particulier & les Commis préposés & les Directeurs de la Compagnie soient tenus d'en rendre compte, ni faire déclaration en conséquence desdites saisies, desquelles ils seront déchargés en représentant les comptes arrêtés par la Compagnie, qui leur serviront de décharge, en payant néanmoins le reliquat à qui il sera dû, si aucun y a, à la charge que les saisissans feront vuider les saisies dans les six mois du jour qu'elles auront été faites, après lesquels elles seront nulles & comme non avenues; & ladite Compagnie entiérement déchargée.

XXXII.

Ne seront pareillement sujets à aucune saisie les gages & appointemens des Officiers, Commis & Employés de ladite Compagnie.

XXXIII.

Tous procès & différens qui pourroient naître entre la

Compagnie & les particuliers non intéressés pour raison des affaires d'icelles, seront jugés & terminés par les Juges Consuls, dont les Sentences s'exécuteront en dernier ressort jusqu'à la somme de quinze cens livres, & au-dessus par provision, sauf l'appel.

XXXIV.

Et quant aux matiéres criminelles dans lesquelles la Compagnie sera partie ou aucun des Intéressés pour les affaires d'icelle, soit en demandant, soit en défendant, elles seront jugées par les Juges ordinaires, sans que le criminel puisse attirer le civil, qui sera jugé comme il est dit ci-dessus.

XXXV.

Ne sera par ledit Seigneur Roi accordé aucunes Lettres d'Etat ni Répi, Evocation ou Surséance aux débiteurs de la Compagnie, lesquels seront contraints au payement par les voyes & ainsi qu'ils y seront obligés.

XXXVI.

Les Intéressés en ladite Compagnie & ses Employés acquéreront le droit de Bourgeoisie dans les Villes du Royaume où ils feront leur résidence, & s'ils sont nobles ne dérogeront à leur noblesse & privilége.

XXXVII.

Et d'autant que le bon succès des affaires de la nouvelle Compagnie dépendra particuliérement de la conduite & vigilance des Intéressés, ledit Seigneur Roi promet à ceux qui s'en seront bien acquittés, de leur donner des marques d'honneur qui passeront à leur postérité.

XXXVIII.

Les Officiers intéressés dans ladite Compagnie pour une des vingt actions dont la société est composée, seront dispensés de la résidence, & jouiront de leurs gages & droits comme s'ils étoient préſens aux lieux de leur réſidence, à la charge d'aſſiſter aux délibérations & aſſemblées en la maniere preſcrite par ladite ſociété.

## XXXIX.

Si aucuns des Intéreſſés en ladite Compagnie, Capitaines de ſes Vaiſſeaux, Officiers, Commis ou Employés actuellement occupés aux affaires de ladite Compagnie étoient pris par les Sujets des Princes avec leſquels ledit Seigneur pourroit être en guerre, il promet de les faire retirer & échanger.

## XL.

Pourra ladite Compagnie prendre pour ſes armes un écuſſon en champ d'azur ſemé de fleurs de lys d'or ſans nombre, deux Négres pour ſupports & une couronne nefflée, leſquelles armes ledit Seigneur Roi lui accorde pour s'en ſervir dans ſes ſceaux & cachets, & lui permet de mettre & appoſer aux édifices publics, Vaiſſeaux, canons & partout ailleurs où elle jugera à propos.

## XLI.

Aprés leſdites trente années expirées, les terres & Iſles contenues au contrat de ceſſion ci-devant énoncé, enſemble celles que la Compagnie aura acquiſes ou conquiſes avec tous les droits en dépendans, lui demeureront à perpétuité en toute propriété, Seigneurie & Juſtice, pour en diſpoſer comme de ſon propre héritage, ſans y pouvoir être troublée ni que ledit Seigneur Roi puiſſe retirer leſdites terres & Iſles pour quelque cauſe, occaſion ou prétexte que ce ſoit, à quoi ledit Seigneur Roi a renoncé dès-lors; comme auſſi des Forts, armes & munitions, meubles, Vaiſſeaux, marchandiſes & effets: veut que ſi après ledit temps le privilége du commerce du Sénégal & pays de la conceſſion de la nouvelle Compagnie étoit continué en faveur de quelques autres Sujets du Roi, les Impétrans ſoient tenus de rembourſer à ladite Compagnie la ſomme à laquelle ils conviendront à l'amiable pour le prix de ladite propriété, Seigneurie & Juftice desdites terres & Isles, Forts & armes, munitions, Vaisseaux, marchandises & autres effets généralement qui se trouveront lors appartenir à ladite Compagnie, sinon à dire d'arbitres dont les Parties conviendront, & jusqu'audit remboursement lesdits Impétrans ne pourront traiter ni trafiquer dans lesdits lieux.

## XLII.

Au surplus lesdites Lettres en forme d'Edit pour l'établissement de ladite Compagnie des Indes Occidentales du mois de Mars 1664 & Juillet 1681; ensemble les Arrêts depuis rendus en leur faveur, même ceux ci-dessus datés des 28 Juin 1692 & 10 Août 1694, seront exécutées au profit des Intéressés en ladite Compagnie, laquelle en ce faisant jouira de tous les droits, privileges & exemptions portées par iceux comme s'ils avoient été donnés à sa Requête & exprimés dans lesdites Lettres, toutes lesquelles conditions ci-dessus ledit Seigneur Roi promet de sa part exécuter & faire exécuter par-tout où besoin sera, d'en faire jouir réellement & paisiblement ladite Compagnie, sans que pendant le temps de ladite concession il puisse y être apporté aucune diminution, altération ni changement, le tout & ainsi qu'il est plus au long contenu esdites Lettres à la Chambre adressantes. Vû ledit contrat de vente & cession faite par l'ancienne Compagnie, l'Arrêt d'homologation avec la société faite en conséquence, les Edits des mois de Mai 1664 & Décembre 1674 pour l'établissement & revocation de la Compagnie des Indes Occidentales, les Lettres Patentes de confirmation de ladite Compagnie du Sénégal, & les Arrêts du Conseil du Roi, le tout daté & énoncé dans les susdites Lettres & attaché sous le contre-scel d'icelles: vû aussi les Lettres Patentes données à Versailles le 5 Juillet 1743, signées LOUIS: *& plus bas*, par le Roi, PHELYPEAUX, & scellées sur simple queue du grand Sceau de cire jaune, expédiées sur Arrêt du Conseil dudit Seigneur Roi du premier Juin audit an, & obtenues & impétrées par les Directeurs de la Compagnie des Indes, par lesquelles & pour les causes & considérations y contenues, ledti Seigneur Roi, conformément audit Arrêt, a ordonné que nonobstant ce qui est porté par la Déclaration du mois de Janvier 1685, & par les susdites Lettres Patentes du mois de Mars 1696, lesdits Directeurs de la Compagnie des Indes seront payés sur la quittance du Caissier de ladite Compagnie, par le Sieur Paris de Montmartel, Garde de notre Trésor Royal, de la gratification dûe à ladite Compagnie de treize livres par têtes de Négres qui ont été portés des côtes d'Affrique dans les Isles & Colonies Françoises de l'Amérique pendant les années 1738, 1739 & 1740, suivant les certificats signés d'Officiers ou Préposés de ladite Compagnie, énoncés esdites Lettres, que ledit Seigneur Roi a validé, encore bien que conformément auxdites Déclarations & Lettres Patentes, ils n'ayent été signés ou vérifiés par le Sieur Intendant ou par le Gouverneur des Isles & Colonies où ces Négres ont été débarqués; veut ledit Seigneur Roi qu'en rapportant par le Garde de son Trésor Royal avec lesdites Lettres lesdits certificats, le payement qu'il aura fait en conséquence soit passé & alloué sans difficulté en la dépense de ses états & comptes, dérogeant pour ce regard & pour cette fois seulement à ladite Déclaration & auxdites Lettres Patentes qui seront au surplus & hors le cas susdit exécutées selon leur forme & teneur, le tout & ainsi que le contiennent plus au long lesdites Lettres à la Chambre adressantes : vû l'Arrêt du Conseil du premier Juin 1743, sur lequel lesdites Lettres ont été expédiées, & ladite Déclaration du mois de Janvier 1685, registrée en la Chambre le 16 Février suivant, attachée sous le contre-scel d'icelles; vû pareillement autres Lettres Patentes données à Metz le vingt-sixiéme jour de Septembre mil sept cent quarante-quatre, signées LOUIS, *& plus bas*, par le Roi, PHELYPEAUX, & scellées sur simple queue du grand sceau de cire jaune, expédiées sur Arrêt du Conseil du 31 Juillet 1744, & obtenues & impétrées par les Directeurs de ladite Compagnie des Indes, par lesquelles, pour les causes & considérations y exprimées, ledit Seigneur Roi a ordonné que nonobstant ce qui a été ordonné par ladite Déclaration du mois de Janvier 1685 & par les Lettres Patentes du mois de Mars *1696*, les Directeurs de la Compagnie des Indes seront, sur la quittance du Caissier d'icelle, payés par le Garde du Trésor Royal de la gratification dûe à ladite Compagnie de treize livres par têtes de Négres qui ont été ou seront portés par les Armateurs à qui elle en a donné la permission, des côtes d'Affrique dans les Isles & Colonies Françoises de l'Amérique, sur les certificats d'introduction signés des Gouverneurs & Intendans ou de ceux qui les représentent dans les lieux & quartiers où ils ne se trouvent pas, validant en tant que de besoin lesdits certificats, encore qu'ils ne fussent signés ni vérifiés par lesdits Intendans & Gouverneurs, à l'effet de quoi ledit Seigneur Roi déroge pour ce regard seulement auxdites Déclarations & Lettres Patentes & à l'Arrêt du 27 Septembre 1720; veut qu'en rapportant par le Garde de son Trésor Royal lesdits certificats signés des Commissaires Ordonnateurs ou des Subdelégués ou autres Officiers dans les Ports d'où les Intendans ou Gouverneurs seront absens, le payement qu'il aura fait soit passé & alloué sans difficulté en la dépense de ses comptes, le tout & ainsi que le contiennent plus au long lesdites Lettres à la Chambre adressantes : vû ledit Arrêt du Conseil du 31 Juillet 1744, sur lequel lesdites Lettres ont été expédiées, attaché sous le contre-scel d'icelles; vû encore autres Lettres Patentes données à Versailles le vingt-deuxiéme jour d'Avril mil sept cent quarante-six, signées LOUIS, *& plus bas*, par le Roi, PHELYPEAUX, & scellées sur simple queue du grand Sceau de cire jaune, expédiées sur Arrêt du Conseil du 27 Mars audit an, par lesquelles, pour les causes & considérations y contenues, ledit Seigneur Roi en interprétant ledit Arrêt de son Conseil du 31 Juillet 1744 & lesdites Lettres Patentes expédiées en conséquence le 26 Septembre suivant, ordonne que par le Garde du Trésor Royal la Compagnie des Indes sera payée, sur les quittances de son Caissier, de tout ce qui peut ou pourra lui être dû jusqu'au premier Janvier de l'année 1748, pour raison des Négres qui ont été ou seront portés des côtes d'Affrique dans les Isles & Colonies Françoises par les Navires de la Compagnie ou par ceux des Armateurs à qui elle en aura donné ou donnera la permission, & ce sur les certificats qui ont été ou seront remis aux Directeurs de ladite Compagnie pour justifier du débarquement des Négres dans les Ports où il aura été ou sera fait, lesdits certificats signés pour l'absence des Gouverneurs ou Intendans des Isles & Colonies par les Commissaires Ordonnateurs, ou Commissaires ordinaires de la Marine, Subdelégués des Intendans, Ecrivains principaux de la Marine ou Ecrivains faisant fonctions de Commissaires, Gardes Magasins faisant fonctions d'Ecrivains, ou par les Officiers des Amirautés au Greffe desquels les déclarations des Capitaines ou Patrons des Navires Négriers ont été ou seront faits, ou autres Officiers ayant caractère public, sans que pour la validité desdits certificats la Compagnie soit tenue de justifier de l'absence desdits Gouverneurs ou Intendans des lieux où ils auront été expédiés, à condition néanmoins que chacun desdits certificats sera certifié véritable au moins par deux Directeurs de ladite Compagnie: veut ledit Seigneur Roi qu'après ledit jour premier Janvier 1748, la Compagnie soit payée de la gratification dont est question sur des certificats pareils à ceux ci-dessus prescrits, & dans lesquels il sera en outre fait mention expresse de l'absence desdits Gouverneurs & Intendans, laquelle sera attestée conjointement avec l'Officier qui signera le certificat par un autre desdits Officiers ayant caractère public dans le lieu où le débarquement aura été fait, s'il s'y en trouve, ou à défaut par le Curé ou l'un des principaux Habitans: veut en outre ledit Seigneur Roi que les payemens ainsi faits par le Garde de son Trésor Royal soient passés & alloués sans difficulté en la dépense de ses états & comptes en vertu desdites Lettres Patentes; le tout & ainsi qu'il est plus au long énoncé en celles à la Chambre adressantes: vû ledit Arrêt du Conseil du 27 Mars 1746 sur lequel elles ont été expédiées, attaché sous le contre-scel d'icelles; vû en outre autres Lettres Patentes données à Versailles le 6 Mars de la présente année 1754, signées LOUIS, *& plus bas*, par le Roi, ROUILLE', & scellées sur simple queue du grand Sceau de cire jaune à la Chambre adreſſantes, obtenues & impétrées par les Directeurs de ladite Compagnie des Indes, par leſquelles & pour les cauſes & conſidérations y contenues ledit Seigneur Roi voulant faire jouir leſdits Impétrans du contenu auxdites Lettres Patentes du mois de Mars 1696, 5 Juillet 1743, 26 Septembre 1744 & 26 Avril 1746 ci-deſſus énoncées, mande & enjoint à ladite Chambre de procéder à leur enregiſtrement, & de leur contenu faire jouir & uſer les Impétrans pleinement & paiſiblement, nonobſtant & ſans s'arrêter à la ſurannation de leur date, que ledit Seigneur Roi veut ne nuire ni préjudicier auxdits Impétrans, & dont il les releve en tant que de beſoin eſt ou ſeroit par leſdites Lettres; la Requête préſentée à la Chambre par leſdits Directeurs de ladite Compagnie des Indes, aux fins & enregiſtrement deſdites Lettres du mois de Mars 1696, 5 Juillet 1743, 26 Septembre 1744, 26 Avril 1746 & de celles de ſurannation du 6 Mars dernier; concluſions du Procureur Général du Roi, ouï le rapport de Maître Dominique-Jean Caſſini, Conſeiller Maître, & tout conſidéré; LA CHAMBRE a ordonné & ordonne ledites Lettres du mois de Mars 1696, 5 Juillet 1743, 26 Septembre 1744, 22 Avril 1746 & celles de relief de ſurannation de la date deſdites Lettres du 6 Mars dernier, être regiſtrées pour être exécutées ſelon leur forme & teneur, & jouir par les Directeurs de la Compagnie des Indes de l'effet & contenu en icelles; à la charge par eux de remettre, ſi fait n'a été, au Garde du Tréſor Royal les certificats datés & mentionnés eſdites Lettres en la forme y preſcrite, ſans préjudice des droits & prétentions des Compagnies qui avoient précédemment droit de jouir des conceſſions mentionnées eſdites Lettres, & ſans approbation de l'enregiſtrement des Lettres du mois de Mars 1696, fait en la Cour des Aydes avant la Chambre. FAIT le huit Avril mil ſept cent cinquante-quatre. *Collationné. Signé* GOUGENOT.

Collationné à l'Original par nous Ecuyer, Conſeiller-Secrétaire du Roi, Maiſon, Couronne de France & de ſes Finances.

www.ingramcontent.com/pod-product-compliance
Ingram Content Group UK Ltd.
Pitfield, Milton Keynes, MK11 3LW, UK
UKHW021822190726
13853UKWH00003B/1140

9 782329 605555